U0686025

体育心理学应用研究

姜维强 著

郑州大学出版社

图书在版编目(CIP)数据

体育心理学应用研究／姜维强著. —郑州:郑州大学
出版社,2024.5

ISBN 978-7-5773-0251-5

Ⅰ.①体… Ⅱ.①姜… Ⅲ.①体育心理学-研究
Ⅳ.①G804.8

中国国家版本馆 CIP 数据核字(2024)第 063993 号

体育心理学应用研究

TIYU XINLIXUE YINGYONG YANJIU

选题策划	王卫疆		封面设计	苏永生
责任编辑	胡佩佩		版式设计	苏永生
责任校对	吴　静		责任监制	李瑞卿

出版发行	郑州大学出版社		地　　址	郑州市大学路 40 号(450052)
出 版 人	孙保营		网　　址	http://www.zzup.cn
经　　销	全国新华书店		发行电话	0371-66966070
印　　刷	廊坊市印艺阁数字科技有限公司			
开　　本	710 mm×1 010 mm　1/16			
印　　张	9.75		字　　数	140 千字
版　　次	2024 年 5 月第 1 版		印　　次	2024 年 5 月第 1 次印刷
书　　号	ISBN 978-7-5773-0251-5		定　　价	68.00 元

内容简介

  本书是系统研究体育运动扫关心理学实践应用的专门著作,由五章构成:第一章体育心理学概述,包括体育心理学概念和体育心理学研究简析,以及体育心理学研究的任务、作用、原则和方法:第二章体育心理学理论,包括建构主义理论、认知心理学理论、行为主义心理学理论和人本主义心理学理论;第三章体育运动心理训练,包括运动员心理疲劳、体育运动心理训练基础、目标设置训练、放松技能训练、表象技能训练和应激控制训练:第四章体育比赛心理调节,包括心理调节基础、心理障碍调节、比赛状态调节、情绪诊断与调节;第五章体育运动心理动力,包括体育运动动机、体育运动兴趣和体育运动归因。

  该著作结构清晰严谨,理论基础深厚,内容系统全面,提出观点新颖,应用措施得当,具有系统性、应用性、时代性和创新性等特点,是体育教练员、高校体育教师和体育心理学领域人员在开展研究与实践方面具有较高价值的指导性文献。

前　　言

　　心理学是一门研究人类心理现象及其影响下的精神功能和行为活动的科学，兼顾突出的理论性和应用性，涉及知觉、认知、情绪、思维、人格、行为习惯、人际关系和社会关系等许多领域。心理学是近代开始的新兴学科，在近百年的发展历程中，理论基础和实践应用都取得了长足进步。体育心理学作为心理学的分支，是研究人们从事体育活动专门条件下的心理现象及其发生、发展规律的学科。由于竞技体育的特殊性，运动员的心理和身体长期承受着普通人难以体会的心理压力和高强度刺激挑战，更容易出现心理问题，这些问题的出现直接影响运动员竞技水平和潜能发挥，甚至可能使运动员提前断送运动生涯，对自身和运动队都造成无法挽回的伤害。无论是在比赛中还是训练中，运动员良好的心理状态都起到决定性作用，运动员心理状态的强弱决定了竞争的成败。近年来，体育心理学得到了快速发展，研究领域不断扩大，逐渐形成了独特的学科体系，为解决运动员心理问题提供了可行方案。《体育心理学应用研究》就是为解决运动员心理问题而撰写，将体育心理学和运动训练结合在一起，旨在帮助教练员和运动员掌握体育运动训练的心理规律，对运动心理进行合理调控，提高体育运动训练和竞技比赛水平。全书共分五章，主要内容和结构如下：

　　第一章　体育心理学概述。体育心理学研究体育训练和运动竞赛中的心理现象及其规律，帮助运动员了解体育运动技能形成的一般规律及影响因素、掌握克服竞争所带来的紧张与焦虑的调节方法。在当代体育竞技水平差距日益缩小的前提下，维持良好的竞技心理状态是在比赛中获取胜利的重要条件。本章研究了体育心理学概述和体育心理学研究简析,厘清了体育心理学与运动心理学、锻炼心理学的关系,通过对前人研究文献的分析和总结,归纳了目前研究存在的问题和未来研究的方向与重点,进一步明确了体育心理学研究的任务、作用、原则和方法,为后续研究提供基础和指导。

第二章 体育心理学理论。理论在一定范围内对实践具有普遍的指导意义,通过解释事实和产生原因来提供对问题的解释和理解。本章研究了体育心理学相关的四个理论,其中,建构主义理论,强调学习者的主动性,认为学习是学习者基于原有的知识经验生成意义和建构理解的过程;认知心理学理论,强调认知过程的整体性,人的认知活动是认知要素相互联系、相互作用的统一整体;行为主义心理学理论,认为个体行为是通过与外界互动形成,与潜意识的影响无关;人本主义心理学理论,把人的本性的自我实现归结为潜能发挥,主张心理学必须从人的本性出发研究人的心理。

第三章 体育运动心理训练。心理训练对运动员身体状态、战术水平和技术水平产生影响,为达到最佳竞技水平并取得优异成绩打下良好的心理基础。本章具体研究了四种体育运动心理训练方法,其中,目标设置训练,促进运动员心理过程不断完善,形成专项运动所需要的个性心理特征;放松技能训练,通过机体主动放松来增强机体的自我控制能力,提升机体对外界致病因素的抵抗力;表象技能训练,通过在头脑中反复想象某种运动动作或运动情境,从而提高运动技能和情绪控制能力;应激控制训练,用于增强机体在面对威胁时的准备状态,提升个体对内外环境变化的适应和生存能力。

第四章 体育比赛心理调节。心理调节是通过正确认识和评价个人所处的环境,尽力消除那些不愉快的心理刺激和生活事件,理智接受非个人能力能改变的现实,从而去积极地适应,并使情绪积极而稳定,保持良好的自我意识,达到保持身心健康的目的。本章首先研究了心理调节基础,然后重点研究了三类心理调节,其中,心理障碍调节,从恢复体力脑力、回忆技术动作、消除紧张情绪和增强比赛信心等四个方面提出了调节策略;比赛状态调节,研究了采用生理调节、认知调节和环境调节等方式对比赛状态进行调节的方法;情绪诊断与调节,情绪诊断包括感受情绪、识别情绪和辨析情绪,情绪调节主要研究了理智控制、转移和排遣消极情绪。

第五章 体育运动心理动力。心理动力是精神分析学的一个概念,指人类一切精神活动的内在驱动力。弗洛伊德精神分析学认为,存在于无意识中的性本能是人心理的基本动力,是摆布个人命运、决定社会发展的永恒力量。本章基于心理动力理论研究体育运动心理动力,核心研究内容包括体育运动动机、体育运动兴趣和体育运动归因。体育运动动机,具有启动人的行为,并使行为以一定强度在运动活动中保持的特性;体育运动兴趣,是体育运动参与的基本动力之一,影响着人们体育运动参与的具体活动方向和强度;体育运动归因,通过合理的归因训练,形成积极的情感和期望,为今后参赛训练和在比赛中取得良好成绩打下坚实基础。

在体育运动情境中,心理现象无处不在,运动员心理素质对运动能力产生重要影响。《体育心理学应用研究》以运动员心理问题研究为主线,在充分吸收国内外最新研究成果精华的基础上,结合新时代运动员体育心理培养与训练的实际需求撰写而成,几乎涵盖了运动员心理训练的各个方面,研究观点明确、研究内容丰富,突出了科学性、应用性和实践性,非常适合作为教练员指导运动员心理训练和研究人员开展研究的指导性文献,对于高校体育教师指导学生开展体育运动也具有较高的参考价值。

本著作撰写过程中得到了许多专家、学者和同行的帮助与指导,在此表示诚挚谢意。同时,为了提高研究成果的科学性和适用性,借鉴和引用了大量有关体育运动和心理学领域相关的研究文献,并在参考文献部分列出,如有遗漏敬请谅解,谨向文献作者表示衷心感谢。

目　　录

第一章 体育心理学概述

体育是一种复杂的社会文化现象,是以身体与智力活动为基本手段,根据人体生长发育、技能形成和机能提高等规律,达到促进全面发育、提高身体素质与全面教育水平、增强体质与提高运动能力、改善生活方式与提高生活质量的一种有意识、有目的、有组织的社会活动。心理学是一门研究人类心理现象及其影响下的精神功能和行为活动的科学,兼顾突出的理论性和应用性,涉及知觉、认知、情绪、思维、人格、行为习惯、人际关系和社会关系等许多领域。体育心理学作为心理学的一个分支,是一门研究人们从事体育活动的专门条件下的心理现象及其发生、发展规律的学科。具体而言,体育心理学是研究体育运动情境中认知、情感和行为的科学。

第一节 体育心理学的概念

国内外学者对体育心理学的认识已经由模糊、宽泛,开始向具体、专业转变,体育心理学的概念也转向体育教学心理、运动训练与比赛心理、业余体育锻炼心理等各个狭义的范围。研究体育心理学的概念,必须厘清体育心理学与运动心理学、锻炼心理学的关系。运动心理学的研究起源较早,其次是体育心理学,而锻炼心理学是近些年才发展起来。

　　运动心理学是研究体育运动的心理特点及其规律的心理学分支学科。研究内容包括技能学习、竞赛心理、运动对人的意义,从事运动的动机以及运动员之间、教练员与运动员之间、运动员与观众之间的相互关系,心理训练和运动心理治疗方法,等等。运动心理学侧重研究竞技运动训练和比赛中的心理现象,特别是运动员在训练和比赛过程中的心理状态和变化。由于竞技运动的特点是高密度、大强度、超负荷,实际上是以牺牲运动员健康为代价去追求高水平的专项运动技能水平为目标。要达到高水平的专项运动技能水平和取得优异的比赛成绩,除了受技术和战术训练的影响之外,还受心理因素影响。众多研究和实践都表明,在高水平的竞技运动比赛中,获胜因素的大约30%归功于技战术训练,大约70%归功于心理因素。因此,运动心理学集中研究心理因素对运动成绩的影响。此外,运动心理学不但研究运动员的心理和行为,而且还研究教练员、观众的心理和行为。

　　锻炼心理学侧重研究体育锻炼过程中的心理现象,集中研究体育锻炼对参与者心理健康的作用。锻炼心理学的主要研究目的是探究体育锻炼的前因和心理效应,主要研究对象是大众。大众参与体育锻炼与学生的体育学习、运动员的训练和比赛显著不同,大众参与体育锻炼并不太关注运动成绩。相反,学生参与体育学习或运动员参与训练和比赛却比较重视运动成绩。锻炼心理学集中研究体育锻炼对参与者心理健康的作用,具体研究锻炼者参与体育锻炼的动机、体育锻炼的坚持性、体育锻炼成瘾以及体育锻炼对心理健康的影响等问题。锻炼心理学的研究任务归纳为四个方面:一是研究人在体育锻炼中心理过程的特点和规律,以及个人的个性差异与体育运动的关系;二是研究体育活动对人的心理过程和个性特征产生的短期影响和长期影响;三是研究掌握运动知识,形成运动技能、进行技能训练的心理学规律;四是研究体育竞赛中人的心理状态问题。

　　体育心理学、运动心理学和锻炼心理学三者的研究目标、对象和侧重点不

尽相同,但三个学科在研究对象、研究内容和研究方法上又存在联系,这主要源于体育教学、竞技运动和大众健身运动之间的相互关系。从广义来看,体育应该包括体育教学、竞技运动和大众健身运动三个领域。不管哪一个领域,实际上都是围绕人参与身体练习活动这一中心主题展开研究和讨论。由此可见,体育心理学、运动心理学和锻炼心理学,都是围绕人从事身体练习活动中发生的心理现象展开研究和讨论。具体来说,三者研究的共同点在于:一是研究的对象都是参与身体活动的人;二是研究的内容都涉及从事身体活动时人的心理现象,包括认知、情感、动机和个性等;三是研究方法相同。例如,学生、运动员或锻炼者参与比赛都会产生焦虑,但焦虑的程度可能不同;又如,学生运动员或锻炼者参与体育运动的动机可能既有程度上的不同,也有方向上的不同,但都可以通过动机理论加以解释。

第二节　体育心理学研究简析

一、国外体育心理学研究简析

国外体育心理学研究主要分为两个阶段:20 世纪 50 年代前的体育心理学和 20 世纪 50 年代后的体育心理学。

(一)20 世纪 50 年代前的体育心理学

第一个运动员可能对心理状态的重要性就有基本认识,甚至在第一届奥运会上就已经意识到自信、自我控制及其他心理因素与运动员成功之间的联系。然而,直到 19 世纪末,研究者们才开始较为系统地观察心理和运动员之

间的关系。世界上第一个运动心理学的实验是由特里普利特(Noyman Triplett)于 1898 年完成,他发现一个有趣的现象,在观看自行车比赛时注意到与竞争对手比赛时,自行车赛手的速度比单独计时比赛要快,特里普利特由此认为,在现场的其他人导致了活动者能量的释放和努力程度的提高,后来被称作"社会促进"现象。

20 世纪 50 年代前发生的另一个运动心理学的重大事件,是由格里菲思(Coleman Roberts Griffith)于 1925 年创建世界上第一个运动心理学实验室,即伊利诺伊大学运动研究实验室,这一事件在后来被认为是体育心理学这门学科的诞生标志。实际上,早在 1918 年,格里菲思就研究心理因素对运动员表现的影响,由此被称为"美国运动心理学之父"。他研究的主要领域集中在心理运动技能、运动表现和性方面。他还与运动队进行交流,并于 1923 年在伊利诺伊大学开设了第一门运动心理学课程,1926 年编写了世界上第一部运动心理学教科书《教练心理学》,1928 年又出版了《运动心理学》。作为运动心理咨询专家,1937 年受聘于芝加哥一家棒球俱乐部运动队,运用多种动作测试和心理量表测验检查每位运动员当时的心理状态、能力和心理潜力。

20 世纪初至 30 年代,欧洲也出现了一些运动心理学方面的研究,影响最大的是现代奥林匹克运动发起人、体育活动家、教育学家和历史学家顾拜旦,他于 1913 年所著的《运动心理学试论》指出,运动是一种美的表达和使人能平衡情绪的更好的教育手段。德国学者鲍思于 1912 年也写了《身体练习对意志和个性形成的影响》。德国学者舒尔特在 1921 年所著的《在练习、比赛和运动活动中提高成绩》是阐述优秀运动员心理准备问题的最早的著作。20 世纪 30 年代,苏联的体育心理学处于萌芽时期,被称为苏联"运动心理学之父"的鲁吉克教授撰写了《肌肉工作对反射过程的影响》《对反射的研究在体育主要问题上的应用》和《在体育教育工作中提示和模仿的意义》等著作。莫斯科体育学院所做的一系列研究,引起了人们对体育和运动心理学问题的兴趣,例如,普

尼关于乒乓球、滑雪及其他运动对运动员心理的影响,以及丘奇马疗夫关于学校体育课对学生智力以及自我控制能力的影响等研究。

(二)20 世纪 50 年代后的体育心理学

体育心理学研究在 20 世纪四五十年代,除了几篇博士论文外,基本处于停滞状态。但是,一些动作学习实验室相继建立,为体育领域的运动行为研究提供了更为复杂和科学的方法,研究设计仪器设备和统计方法等方面都有了进步,发表的论文涉及基于学习和运动技能操作的心理动作。20 世纪 60 年代,运动心理学研究伴随着一些组织成立开始繁荣。1965 年国际运动心理学联合会成立并召开了第一届年会。至此,体育心理学作为心理学的独立应用分支学科正式诞生。1967 年举行了第一次北美运动心理和身体活动联合会年会,该联合会成为国际上最有影响的运动心理学组织;1969 年加拿大心理技能学习和运动心理学联合会成立;1985 年高级应用运动心理学学会成立,鼓励应用运动心理学家之间的交流;1987 年运动心理学正式被美国心理学会所承认和接纳,成为该学会第 47 个分会,即锻炼和运动心理学分会,该分会发行了一本运动心理学的小册子,描述了运动心理学家的三种类型:实验运动心理学家、教育运动心理学家和临床运动心理学家。

20 世纪六七十年代,苏联体育心理学开始兴起。1963 年苏联体育科学研究所组建了运动心理学实验室,研究人员进行了大量高水平运动心理学的理论和应用研究。研究内容较为广泛,包括意志的培养心理调整方法、个人项目的思维特点、个性特征、心理状态与活动有效性的关系、运动的感觉和知觉特点等。20 世纪 70 年代,苏联运动心理学研究部开始重点研究运动员的心理诊断问题,并于 1978 年在调查和研究的基础上,确定了判断优秀运动员的心理指标,包括成就动机、个人意志表现力、情绪稳定性、心理机能意识运动、注意力、随机应变的思维能力、自我监督和自我调整等。在此基础上,还研究了不

同项目优秀运动员的心理模式指标。除此之外,苏联学者还对运动能力的概念和发展、运动员的心理调节和个性等问题进行了大量研究。

德国在 20 世纪六七十年代,对运动心理学研究给予了高度重视。1961 年东德学者库纳特在德国体育学院成立了运动心理学研究所,主要研究三个方面的问题:一是运动对个性发展的影响;二是运动群体对运动员心理发展的作用;三是运动心理学的研究方法。相比较而言,西德当时运动心理学的研究影响较小,只是对运动员个性进行一些研究,纽曼撰写的《运动与个性》著作比较具有代表性。东德主要研究主体体验对运动成绩的影响、体育教学心理学以及运用测验方法,揭示运动中起作用的心理学因素。西德的研究重点包括:运动与个性、方法学与心理诊断学、体育运动中的学习、运动中的社会心理学因素、运动员的心理咨询等。

日本在 20 世纪六七十年代也开始研究体育心理学的有关问题。1960 年在日本体育基础学会成立了体育心理学分会,同时,开始对优秀运动员进行赛前心理准备的系统研究,包括运动员参加比赛的态度、情绪激动状态、对自己心理和思想的估计等。日本 70 年代体育心理学的研究重点分为两类,一类是研究体育教学中的心理学问题,另一类是研究运动员的心理学问题。日本对前类问题的研究较有特色,研究了身体技能活动感知觉的发展、体育活动对学生学习或心理品质发展的影响、学生的运动动机等。

二、国内体育心理学研究简析

国内体育心理学研究主要分为两个阶段:20 世纪 80 年代前的体育心理学和 20 世纪 80 年代后的体育心理学。

（一）20 世纪 80 年代前的体育心理学

早在 1926 年,中国著名体育教育家马约翰曾在《体育的迁移价值》一文中指出,运动场是培养学生的极好场所,可以批评错误、鼓励高尚、陶冶情操、激励品质;刻苦锻炼可以培养青年的勇敢精神、坚强的意志、自信心、进取心和争取胜利的决心;在体育运动中获得的身体、心理性格、社会适应道德等方面的发展,不会只仅仅局限于体育运动领域,而会对今后整个人生道路都产生影响。对于体育的迁移价值,马约翰总结说:"一个人的行动在多数情况下是反射性的,特别是在道德观念发生作用的时候更是这样。行动是基于过去的经验所形成的决定。这些经验中,强大的和习惯的东西将起支配作用,并具有最大的影响。运动能够比较容易地发展青年人坚强的道德品质,谁也没有理由说这些品质对其行动不发生影响。""体育的迁移价值"是马约翰体育思想的一张名片,也成为当今清华大学开展体育工作的理论指导。正是因为体育培养的道德品质可以迁移,体育才受到极高的重视,形成"无体育,不清华"的学校风格。改革开放新时期,清华大学在马约翰思想的基础上提出"育人至上,体魄与人格并重"的体育理念。清华大学原党委书记陈希强调:"在学校体育工作中,要真正体现'体魄与人格并重'的指导思想,必然要求在学校体育的价值体系中,坚持'育人至上'的原则,即培养人是学校体育的最高价值。"1942年国立体育专科学校的吴文忠和肖忠国编译出版了我国第一部《体育心理学》教材。

20 世纪 50 年代,受苏联心理学影响,中国的体育心理学研究开始起步。1957 年苏联体育心理学家鲁言克教授编著的《心理学》中文版出版;1958 年苏联运动心理学家车尼科娃编写的《运动心理学问题》被译成中文;1964 年武汉体育学院和上海体育学院合编了中国第一部体育院系专用的《运动心理学》教材。20 世纪五六十年代,由于受"文化大革命"影响,心理学濒于灭绝,体育心

理学遭到严重摧残,也拉大了与国外体育心理学研究的差距。

(二)20 世纪 80 年代后的体育心理学

20 世纪 80 年代以来,中国体育心理学研究比较广泛,主要包括竞技运动领域的心理学问题、大众体育锻炼的心理学问题、体育教学领域的心理学问题、体育心理学的研究方法等方面。

(1)竞技运动领域的心理学问题。包括心理训练方法、心理训练评价、心理选材,运动员、教练员和裁判员的心理特征,心理疲劳的评定和预防,伤病的心理预防和心理康复,兴奋剂的心理学问题,等等。上海体育学院心理学院赵祁伟的《新兴技术融合发展下竞技运动心理学研究进展、实践与展望》学术论文,探究竞技运动心理学与新兴技术融合的新趋势,围绕心理技术,综述心理测量学、认知神经科学、可穿戴设备与神经反馈技术的最新进展;结合计算机领域新兴技术的应用更新,分析新兴技术的融合创新对我国竞技运动心理学研究与应用的推动作用。在新兴技术融合发展的推动下,未来竞技运动心理学将以当前服务竞技体育过程中的主要科学问题为导向不断突破创新。

(2)大众体育锻炼的心理学问题。包括锻炼的参与动机和锻炼的心理效应等。华东师范大学体育与健康学院杨剑教授主编的《锻炼心理学》,指出了体育锻炼对心理问题的干预作用,包括促进儿童青少年的智力发育,提高记忆力和控制能力,延缓老年人的记忆力退化;通过发泄烦恼、压力、不安,改善饮食和睡眠,促进社会交往,获得积极情绪体验,成为防治焦虑和抑郁的有效武器;科学的体育锻炼可以控制不良心理应激,改善注意力涣散、行为动作紊乱、智力活动受限等问题,使人精力充沛、思维敏捷、反应迅速,产生积极的应激反应。

(3)体育教学领域的心理学问题。包括体育学习和课外体育活动的参与动机和心理效应、运动技能学习、体育教学中的差异心理等。江苏建筑职业技

术学院公共基础学院程修明的《体育心理学在高校体育教学中的应用研究》学术论文指出,当前的体育教学不仅需要重视提高学生的身体素质和体能,还要注重高校体育教学过程中学生的心理问题,将体育心理学有效融入高校体育教学过程成为重中之重。分析了体育心理学对高校体育教学的重要意义,高校体育教学中常见的体育心理问题,以及体育心理学在高校体育教学中的应用,为高校教师提高和改善体育教学质量、处理教学问题等提供借鉴。

(4)体育心理学的研究方法。包括量表研制、仪器开发和实验设计等。北京体育大学运动心理学教研室张力为主编的《体育科学常用心理量表评定手册》指出,随着体育运动心理学及其他相关体育科学分支领域研究的不断深入,采用心理量表进行各类评定的需求日益增加。体育管理者和教练员对运动员进行心理选材,体育科研人员对运动队进行心理训练和心理监控,研究生和研究员进行科学研究,经常需要采用心理量表进行评定。该书介绍了9类54种体育科学常用的心理量表,讨论了心理测验的重要基础知识,包括信度效度的计算与评价、量表的制作程序、移植外国量表的问题,以及调查研究方法的一些新思路。

三、研究成果评析

(1)研究方法趋同并且集中体现为文献资料法。文献资料法是一种普遍的研究方法,大多数研究都是通过使用文献资料法,比如,体育心理学在教学中的应用及改革方面,多为综合分析前人的文献,研究方法比较单一。

(2)研究领域比较狭窄。对于体育心理学方面的相关研究越来越多,理念越来越先进,但是关于体育心理学方面的研究还比较少。体育心理学研究主要是体育在教学中的应用、体育心理学各方面的改革、体育心理学发展状况以及体育心理学其他方面研究,并提出了相关的对策和建议。研究领域和数量

比较少,很多重要的研究成果年代都比较久远。

(3)研究层次不够深入。关于体育心理学理论研究,通过对一些文献的综合对比分析发现,很多理论研究成果缺乏创新,大多是将其他心理学理论移植过来,运动心理学与体育心理学的理论还没有明确划分,不利于学科独立发展。很多研究内容重复性很高,大都是进行同一层面研究,一些新颖研究大多是参考国外文献。

(4)理论运用于实践的效果有待提高。体育心理学研究目的之一是服务于体育教学,但是很多研究成果并没有应用于实践。突出表现为理论与实践脱节,抽象的理论很难与现实中复杂的体育问题相融合,导致理论无法指导体育实践;一线体育教师对体育心理学的掌握和重视程度不够,不能充分利用体育心理学指导体育教学。

四、研究展望

(1)研究方法方面,应注重运用多种研究方法并趋向于综合化。目前的大多数研究都是对前人研究成果的分析总结,很少运用多种研究方法相结合,缺乏多角度构思,缺乏新意。体育心理学的研究方法非常丰富,包括实验研究法、心理测量法、现场研究法、调查问卷法和逻辑推理法等。随着社会发展,体育心理学所面对的问题将越来越复杂,单纯依靠体育心理学自身的研究方法,很难解释或解决较为复杂的问题。这就需要注重多学科交叉使用,综合运用多种方法,对所要研究的问题全面把握,获得更多信息,找到复杂问题的突破口。

(2)研究内容方面,拓宽研究范围和研究视角。未来的体育心理学研究领域中,体育教学的应用和体育心理学的改革依然是研究热点,但还要更深入研究。此外,一些新问题需要给予足够重视。比如,体育锻炼是否可以减轻学生

的焦虑？体育学习对学生的人格有什么影响？如何降低学生在体育学习中产生的心理疲劳？总之，随着体育心理学不断完善和发展，研究领域将越来越广泛，研究范围和研究视角将越来越宽阔。

（3）研究层次方面，研究理论和研究深度要进一步延伸。未来应在前人研究的基础上侧重纵向研究，减少横向研究。随着体育心理学逐步走上成熟和完善，研究中出现的问题更加复杂，所涉及的知识面和专业文化背景更广阔，不容易深刻解读，这就需要更多的学者通力合作，开展经常性的学术交流活动，通过多角度、多层次地深刻剖析某一心理学现象，借助相关学科学者的理论知识，完成体育心理学的相关问题研究。

（4）实践效果方面，理论要注重实用性，引导体育教师掌握并应用。将理论与实践更好地结合，不但需要研究学者，也需要一线体育教师共同努力。但是，理论问题抽象超前一直是最大困扰，很多实践需要明确的研究理论与方法提供指导，这就要求研究学者将模棱两可的理论概念尽可能地清晰描述，更通俗易懂地去"武装"体育教师。体育教师需要明确体育心理学在教学中的巨大作用，重视体育心理学研究，发现教学中存在的问题，利用好体育心理学这把"利器"，可起到事半功倍的作用，提升学生兴趣动机，提升教学效果。

第三节　体育心理学研究的任务

体育心理学研究的任务很多，具体包括以下四个方面：

（1）研究人在体育运动中心理过程的特点和规律，以及人的个性差异与体育运动的关系。比如，在体育活动中自信心方面男女性别存在差异吗？哪些因素会影响人们参加体育活动的动机？

（2）研究体育运动对人的心理过程和个性特征产生的短期影响和长期影

响。比如,有氧训练对人的焦虑水平有哪些短期效应和长期影响?长期的运动训练会促进或改变运动员的个性吗?体育活动会加强残疾人生活中的独立性和自信心吗?

(3)研究掌握运动知识、形成运动技能、进行技能训练的心理学规律。比如,如何克服运动技能形成过程中的高原现象?如何利用迁移规律更快地掌握运动技能?哪些影响运动技能掌握、提高的重要心理因素更多地受遗传因素制约?

(4)研究运动竞赛中人的心理状态问题。比如,比赛中的最佳唤醒水平是什么?如何在比赛中达到最佳唤醒水平?如何区分和评定运动员的心理负荷和心理疲劳?优秀运动员在比赛的关键时刻运动操作的注意中心是什么?

第四节　体育心理学研究的作用

体育心理学研究解决了体育教学中学生心理状态与各种心理活动的具体规律,揭示了青少年学生和运动员的心理特征,为体育教学过程中采用合理的教学和训练措施提供科学依据,从而有效地影响学生,提高教学质量。

现代运动训练,除了身体、技术和战术训练外,还包括专门的心理训练,这样才能构成现代运动训练的完整体系,整个运动训练都含有心理结构。只有了解身体素质的心理特点,才能有效地指导运动员进行身体训练。运动技术训练是在心理活动的支配与调节下,逐渐使动作达到自动化的过程,运动技术水平依赖心理过程的机能特性和发展水平。比如,运动表象、空间、时间定向与判断、反应、思维及注意、情绪等,这些因素都参与了技术动作的调节,是提高技术动作水平的基础。

体育心理学的理论知识,对体育运动的教学、训练、竞赛与选材有着重要

作用。比赛双方在身体能力和技术、战术水平差距不大的情况下,心理因素的重要性就更加突出。对实力相当的两队来说,心理因素训练和心理能量发挥,往往在竞赛中具有决定性作月。在这种情况下,两队交锋,可以说心理能力强者胜。运动员的选拔内容必须包括心理因素,心理选材要依靠心理测量、心理实验和心理调查等许多心理测定手段,并根据体育运动学所提供的原理,制定心理素质测验的标准。

第五节　体育心理学研究的原则

确定体育心理学研究的原则,能够确保研究结果的准确性和可靠性,并帮助研究者更好地理解和解决体育心理学领域中的问题。这些原则包括科学性、系统性、客观性、实践性、对照性和差异性等。通过遵循这些原则,可以获得更可靠的研究结果,从而为体育心理学发展提供更有力的支持。

一、科学性原则

科学性是体育研究的首要原则。科学性原则要求研究设计、数据收集、分析和解释都基于科学的方法和理论。科学性原则也要求研究者使用科学的方法来验证他们的假设和结论,以确保研究结果的准确性和可靠性。科学性原则实际上坚持了科学发展的连续性和继承性,即科学进步不是把从前的研究成果推倒重来、完全抛弃,而是在承认已有的经验事实或补充新的经验事实基础上,继承已有理论中有价值的部分后再对理论进行丰富和创新。

二、系统性原则

任何一种心理现象,都是与其他心理现象处于一个完整的系统中,任何心理活动又都是与其产生条件和外部表现处于一个完整的系统中。用系统论来考察心理现象,要求把人的心理作为一个整体的、动态的系统加以考察。因为任何心理问题都不是孤立的现象,体育心理同样如此。从外部刺激而言,包括物理、化学、生物和社会等;从机体状况而言包括生理和心理等;从反应活动而言,包括行为、言语和不明显的生理变化等。

三、客观性原则

客观性是事物的本来面目,不掺杂个人主观的性质。客观性原则要求研究者在研究过程中保持中立和客观,不受主观偏见或个人情感的影响。研究者应该基于客观的事实和数据来分析和解释结果,并避免引入主观的偏见或观点。一切心理活动都是由客观刺激引起,并在人的各种客观活动中表现出来。研究人的心理,包括个性形成、习惯形成和社会化等方面,必须依据客观事实,坚持客观性。

四、实践性原则

实践性原则是指人们在进行创造性思维的过程中,必须参与实践,必须在实践中促进思维能力的进一步发展,在实践中检验思维成果的正确性。没有实践,思维的发展就失去了动力,就不会有创造性的思维。人的心理是在社会实践中产生和发展。因此,体育心理学研究,既要在实验室进行,也

要在自然条件下、在人的实践活动中进行,既要进行理论研究,也要进行实际应用研究。

五、对照性原则

对照性原则是实验心理学中常用的方法,要求研究者设置控制组和实验组,并通过比较两组的结果来评估实验组之间的差异。对照是比较的前提,为消除无关因素对实验结果的影响,实验中必须设立对照组,保证实验结果的可比性和实验结论的正确性。在体育心理学研究中,对照性原则可以帮助研究者更好地理解和解决体育心理学领域中的问题,并确保研究结果的准确性和可靠性。

六、差异性原则

每个人都是独一无二的个体,拥有不同的性格、能力和经历。差异性原则认为每个人在认知、情感和行为等方面存在差异,这些差异是基于遗传、环境和个人经验等因素。了解和尊重个体差异,有助于更好地与他人相处、提高沟通效果。体育心理学的差异性原则要求关注和重视学生的个别差异,根据不同学生的不同需要,开展形式多样、针对性强的心理健康教育活动,以提高学生的心理健康水平。

第六节 体育心理学研究的方法

　　"工欲善其事,必先利其器",这里所说的器是指方法和手段。人的心理现象是宇宙中最复杂的现象,心理现象的复杂性决定了研究方法的复杂性和重要性。心理学的每一个进步,都依赖于方法学水平的提高。心理学能够得到科学界的接纳,也是与其研究方法的科学性得到承认有关。进行体育心理学研究,必须解决获取研究资料和研究方法问题,这是开展研究的先决条件。体育心理学的研究方法应以辩证唯物主义方法论为指导,遵循理论联系实际的原则,同时要具有严密性和严肃性。

一、观察法

　　观察法是指在心理现象自然发生的情况下,有目的、有计划并不加任何干涉地对心理或行为进行观察,以了解其特点或规律的方法。根据观察对象的特点,观察法可分为自然观察法和自我观察法两种。

(一)自然观察法

　　自然观察法是研究者在心理现象自然发生的情况下,对从事体育运动的人进行详细观察,以了解其心理活动的特点和规律的一种研究方法。由于这种方法是通过观察外显行为去了解人的内隐心理,所以国外有些学者将自然观察法称为行为观察法。

　　应用自然观察法进行研究时,研究者必须遵循一条基本规则,就是研究者不能以任何方式去干扰被观察者的行为和活动,必须使原来的活动条件不会

因为观察者的出现而有所改变。也就是说,研究者不能改变环境中的变量。例如,到一所中学观察体育课,从中研究学生的运动兴趣问题,如果一群陌生人突然出现在学生面前,观察到的学生运动兴趣的指标就不准确。因此,运用自然观察法,观察者必须经过专门训练,并依制定的计划,准备适当的观察工具,并做全面的记录。

自然观察法的主要优点是被观察者的行为未受干扰,比较真实,所获得的材料较为可信,符合实际,方法简便、经济、易行。但自然观察法也具有明显缺点,在没有仪器对行为进行记录的情况下,行为出现得快,消失也快,无法全面把握观察情况,所以观察容易肤浅,不能深入。由于自然观察法是在非控制的条件下进行,所以不能按照研究者的意图来变更行为,想要获得某些特定的行为表现,观察者只能被动地等待;观察来的材料难以数量化,统计处理也比较困难。所以运用自然观察法难以说明刺激条件与心理变化之间精确的关系。

(二) 自我观察法

体育心理学研究,有时候也可以采用自我观察法。这是指观察者运用思辨的方法,观察自己的内部活动或内部状态,省察自己的意识、思想、情绪和经验等,并用语言文字报告出来的方法。通常是以自我感受、自我体验的形式出现。自我观察法又称"内省法"或"主观观察法"。

心理学在独立于哲学前后的一段时间里主要的研究方法就是内省法,这种方法迄今一直受到许多心理学家的指责与抨击。但是,内省法在心理学研究中仍然是一种经常使用的独特的研究方法,这是因为心理学研究的对象即心理现象具有客观性,但主要特点还在于其主观性,任何一种具体的心理活动只有产生这一活动的主体本人才能直接观察到,并且观察得清楚。因此,作为心理学这门科学的特殊性,不仅不应排斥自我观察法,而且应当善于利用这种

方法,并使客观观察的方法和自我观察法结合起来,才能取得有意义的研究成果。

自我观察法主要的优点是可以解决许多除了运用自我观察便无法获得结果的问题,比如,让进行想象训练的运动员报告自己所想象的内容以及自己所获得的体验过程。自我观察可以不受时间、空间的限制与影响,实施方法简便易行。但是这种方法的缺点也十分突出,即自我观察主观成分太重,别人无法确认和证明,激烈的情感与复杂的思维过程常常无法自我观察,即使可以观察,也可能不精确甚至歪曲。

二、访谈法

访谈是社会科学研究的一种常用方法,通过访谈者和被访谈者交谈的方式收集研究的资料和数据,被广泛应用于社会科学领域研究。在体育心理学研究中,有些资料很难通过直接观察得到,例如,研究对象的知识、态度、价值和过往经验等。这种情况下,访谈研究是一种有效的研究方法,通过与研究对象的语言沟通,直接收集资料。访谈可以作为主要搜集资料的策略,也可配合观察、文件分析或其他研究方法一同使用。

(一)访谈类型

根据访谈程序的标准化以及访谈问题的特点,访谈可以分为以下三种类型:一是结构式访谈。这种访谈一般要求标准化的访谈程序,严格按照预先设定的方式和次序向被访者提问相同问题。问题和备选答案事先设计好,被访者按要求对问题做出回答。甚至对于访谈开始和结束的用语,也都尽量保持一致。这种访谈方式收集到的数据比较容易进行数量化处理。二是无结构式访谈。这种访谈具有较大弹性,虽然也要根据访谈计划来实施,但对于提问的

次序、语言表达形式、被访者的回答方式等没有太多限制,鼓励被访者自由表达观点。在访谈过程中,研究者仅以少量的问题来引导和把握整个访谈方向。这种访谈方式得到的资料一般为描述性信息,较难进行量化分析,因此在试探性研究中应用较多。三是半结构式访谈。介于上述两种形式之间。通常先问结构式问题,再以开放式问题进行深入探究。这种访谈具有较大的灵活性,既可以收集到标准化数据,也可以让被访者在某些问题上提供自由回答,供研究者进行深入探讨。

(二)注意事项

访谈是访谈者和被访者之间进行开放式互动的过程,涉及的因素很多,要进行一次成功访谈并不容易。对访谈者的技巧、被访者的配合程度和访谈环境都有较高要求。对访谈者来说,进行访谈研究需要注意以下事项:一是访谈者和被访者建立相互信任的融洽关系,这是成功访谈的必需条件。二是不管是结构式访谈,还是无结构式访谈,在正式实施访谈之前都需要拟定访谈大纲。大纲对访谈的范围、所提的问题、需要注意的事项,都要有所界定。三是正式访谈前,研究者要进行练习或预演,熟悉访谈的问题及程序,还应该收集相关资料,对被访者有一定的了解。四是访谈的问题应以适当次序提出。通常以没有争议性的题目开始,随后才问有关知识的问题或较敏感问题,最后可以补充一些背景问题。提问时不要在不同问题之间跳来跳去,以免干扰被访者回答。五是访谈者要懂得聆听。访谈过程中要保持专心,控制说话欲望,不要轻易改变话题,更不能随意打断被访者讲话。六是访谈者对被访者的语言和表情要有相当的敏感度。对被访者的语意有疑问时,需要即时弄清楚原意,以免产生误解。七是访谈过程中要适当运用身体语言,或给予适当响应,以鼓励被访者。

(三)优点与缺点

(1)访谈法的优点。访谈法对研究条件要求不高,简便易行。主要优点包括:可以根据研究对象的特点,灵活运用不同的访谈方式;由访谈者和被访者直接进行交流,可以最大限度地减少不明确的问题。如果有误解或疑虑,可以当场澄清;除了事先设计好的问题,研究者在访谈中可以观察受访者的非语言行为,在必要时还可以通过跟进问题进行询问和证实,有助于提高所收集资料的真实性和可靠性;访谈研究不要求被访者进行书面回答,尤其适用于文化水平不高或书面表达能力不强的研究对象;由于访谈者和被访者之间在互动中可以提供及时反馈,研究者可以提问较为复杂的问题,进行较为深入的探究,这种问题可以提供表面看不到的高度细节化信息。

(2)访谈法的缺点。和其他研究方法一样,访谈法也有缺点,主要包括:由于访谈研究需要面对面地交流,有时还是一对一地进行,因此比较费时。由于同时处理的样本较少,还要雇佣和训练访谈人员,增加研究成本;对访谈者要求高,要完成一项好的访谈研究,访谈者除了必须拥有较高的专业素养之外,还得具备良好的沟通能力和表达能力;访谈者在进行访谈时容易带有主观性,即使受过严格训练的研究者个人偏见也难以完全避免;访谈研究的互动情境会影响受访者的反应,尤其涉及一些较为敏感的问题时,受访者容易出现伪造、夸大情况或者口是心非的回答以取悦访谈者,这些情况都会歪曲访谈所得到的数据,影响研究结果的可靠性。

三、实验法

实验法是指在观察、调查以及测量的基础上,在一定的情境中对研究的某些变量进行操纵或控制,进而揭示某种心理现象或行为的原因或规律的研究

方法。所以,有控制的观察、调查或测量是实验法研究的基本含义。体育心理实验,就是运用心理实验的方法来研究体育运动与人的心理关系,其任务在于应用一定的实验材料,在严格控制的条件下,对从事体育运动的人进行实验测试,以具体数据来表明体育运动对人的心理变化的影响,表明人的心理在掌握体育运动技术中的作用,还表明各个专项运动对人的心理品质的要求等。根据实验情境可分为自然实验法和实验室实验法。

(一)自然实验法

在日常的生活、教学、训练和比赛等活动情况下,对某些条件加以必要的控制和改变而进行研究的方法。采用自然实验法,首先要明确研究课题,确定研究中主试控制的条件和被试反应的指标,选择被试和分组,制定研究程序。在实验过程中做好详尽记录,最后对实验结果进行分析处理,明确影响结果的各种条件并反复核对结论。自然实验法在体育教学和运动训练中运用较为广泛,因为这种方法比较符合实际,有较高的应用价值,可以有计划地控制条件,实验具有主动性;实验有利于获得所希望得到的比较准确的材料,可用数量表示因果关系。缺点主要是对条件的控制比较困难,实验中容易受到外界因素影响。

(二)实验室实验法

在专门的实验室里,运用各种特殊的仪器并严格控制外部条件和相应的心理反应的研究方法。实验室实验与自然实验大体相似,但实验室实验条件更为严格。实验室实验的优点是计划周密、有组织、有系统、条件控制严格,所得数据比较精确,可重复实验以供校对。缺点是实验室情境与实际情况差别较大,人为地控制条件有时与实际不相符合,实验结果的实际效用较差,某些问题不能运用实验法。因此,实验室实验对体育心理学研究仅是一种补充方法,应当结合其他方法进行研究才能得出具有实际应用价值的结论。

四、心理测量法

心理测量法就是根据一定的法则,用数字对人的行为加以确定的方法,即依据一定的心理学原理,使用一定的操作程序,给人的行为和心理属性确定出一种数量化价值的方法。尽管心理现象十分复杂,但采用适当方法是可以定量测量和评价。虽然测量方法尚未完善,对心理活动的测量无论是可靠性方面还是准确性方面都远不如物理测量,但测量不准确并不等于不能测量,现在不能测量并不等于将来不能测量。心理测量具有两大特点:一是心理测量的间接性;二是心理测量的相对性。

(一) 心理测量的间接性

心理测量是一种间接性测量,这与某些物理现象的直接测量相同。特质理论认为,某种内在的不可直接测量到的特质,可表现为一系列具有内在联系的外显行为,测量者可以通过一定的方法测量这些外显行为,并由这些行为判别特质的性质。在心理学中经常用特质来描述一组内部相关或有内在联系的行为。特质是个体特有的、稳定的、可辨别的特征。所以特质理论认为,心理测量中的"事物的属性或特性"即指"特质",是一个抽象的产物、一种构想,而不是可被直接测量到的有实体的个人特点。由于特质是从行为模式中推论出来,所以基于特质理论的心理测量永远只能是间接性测量。间接测量方法不仅在心理测量中采用,甚至在生理学研究中,也被广泛采用。人的心理活动与行为具有因果关系,由"果"可推测"因",这是心理现象可以间接测量最根本的理由,也是科学研究的基本方法。

(二) 心理测量的相对性

对人的行为进行比较,没有绝对标准,亦没有绝对零点,只是一个连续的行为序列。所有的心理测量都是看每个人处在这个序列的什么位置上,因此,位置具有相对性。由此所测得的一个人智力的高低、兴趣的大小等,都是与其所在团体的大多数人的行为或某种人为确定的标准相比较而言。心理测量的比较标准没有永恒的,从测量结果进行推论所采用的标准不是一成不变的。

第二章　体育心理学理论

理论是指人们关于事物知识的理解和论述,也指辩论是非、争论和讲道理,是人们对自然、社会现象,按照已知的知识或者认知,经由一般化与演绎推理等方法,进行合乎逻辑的推论性总结。理论产生,源自对自然现象观察,人类借由观察实际存在的现象或逻辑推论,而得到某种学说。任何学说在未经社会实践或科学试验证明以前,只能属于假说,如果假说能借由大量可重现的观察与实验而验证,并为众多科学家认定,这项假说就可被称为理论。理论的产生离不开历史环境和生活习惯对某一自然学科已知的认知程度,是一个不断积累、不断变化,由量变产生质变,再由质变继续量变,是一个不断进步、不断更新的过程。

关于理论和实践的关系,马克思主义认为,实践是理论的基础,是理论的出发点和归宿点,对理论起决定性作用,理论必须与实践联系起来,为实践服务,随着实践的发展而发展。理论与实践相辅相成、缺一不可,理论产生的最终目的是更好地指导实践,不能任意割裂两者的辩证关系,孤立地强调一个方面。理论是自我封闭的逻辑体系,由概念和命题组成,理论的作用是为了解释现象背后的原因,或者构造事物背后的机制。通过深入研究体育心理学理论,为体育心理学应用研究提供指导。

第一节　建构主义理论

建构主义理论是认知心理学派的一个分支,由认知主义学说发展而来,最初是一种哲学思想,可追溯到古希腊时期,哲学家苏格拉底在学习上反对通过直接教学的方式获得知识。直至20世纪,教育心理学逐渐吸收建构主义的观点,并逐步向教学领域渗透,形成了建构主义理论。瑞士心理学家皮亚杰于1927年首先提出了建构主义的概念,并以"建构主义"这个术语来解释"人的思维结构的发展建构"。建构主义是一种关于知识和学习的理论,强调学习者的主动性,认为学习是学习者基于原有的知识经验生成意义和建构理解的过程,而这一过程常常是在社会文化互动中完成的。

一、建构主义理论解读

建构主义是一个庞杂的体系,从不同视角出发,可以得到对建构主义不同的理解,这里从三条不同的路线对建构主义理论进行解读。

(一)建构主义理论的哲学解读

建构主义的哲学思想非常复杂和多元,建构主义理论的哲学解读主要从三个方面来看:一是建构主义的哲学解读可以从知识论的角度来看。建构主义认为知识是人们通过经验和观察得出,并且这些知识是主观的、相对的、历史的和文化的。因此,建构主义强调个体的主观体验和文化背景对知识的构建和理解的影响。这种主观性和相对性也使得知识的建构和理解不断变化和演化。二是建构主义的哲学解读可以从社会构建的角度来看。建构主义认为

社会是由人们共同建构而成,人们通过语言、符号、规范和价值观等构建了一个共同的现实世界。这种共同构建的过程也反过来影响着个体的认知和经验,进而影响着个体对世界的理解和建构。三是建构主义的哲学解读还可以从语言哲学的角度来看。建构主义认为语言是人们对世界的建构和理解的基础,语言不仅仅是描述现实的工具,更是构建现实的手段。因此,语言不仅反映了现实,也参与了现实的建构。

(二)建构主义理论的心理学解读

建构主义心理学认为人类对现实的感知与理解是个体和社会的共同建构,人类在与世界交互的过程中,个体与环境之间不是单向的信息传递,而是双向的知识建构和意义塑造,这是一个不断变化的动态过程。因此,建构主义心理学探究人类如何构建和共享意义,如何通过语言、记忆、幻想和符号等方式表达自己的想法和感受。在建构主义心理学研究中,语言扮演着重要角色。语言是人类思维与知识建构的主要工具和载体。在语言帮助下,人们可以使用概念和符号等工具,来组织、思考和表达自己的经验与知识。同时,语言也是一种文化传承和沟通工具,因此,研究人员在观察人类对外部信息的感知和理解时,不仅仅研究语言现象,还研究人们在语境中使用语言的方式、人们对社会和文化因素的认知等。

建构主义心理学不仅仅具有理论价值,还具有广泛的应用价值,可以被用于设计与开发许多不同的心理治疗和干预方法,帮助人们建构自己的想法和知识,处理情感困扰和社交障碍等问题。建构主义心理学也被广泛应用于教育领域,通过理解知识的建立过程,更好地设计教学方法和课程,满足不同学生需求。尽管建构主义心理学具有广泛的应用价值,但也存在一些批评和疑问,建构主义思想是否会导致主观主义和相对主义观点,建构主义心理学对于人类认知和知识建构的广泛探讨,也让人们难以确定该理论是否确切和量化。

综合来看,建构主义心理学是一种重要的心理学理论,强调人类认知是基于社会、文化和个体经验背景共同的建构和意义塑造过程。通过对语言、记忆、幻想和符号等方式,能够帮助人们理解人类对外部信息的感知和理解过程,并提供用于个人认知与社会交流的对话工具和框架。

(三)建构主义理论的社会学解读

建构主义的另一种解读方式就是社会学的建构主义,与心理学走向的建构主义不同,社会学走向的建构主义更复杂,因此社会学领域建构主义的发展更引人注目。社会学家在分析社会问题时,将建构主义理论用于解释社会问题的产生,建构主义沿用了现象学本体论的一个基本假设,即社会事实并不是事物本来的面目,而是经过人们主观解释,这种主观解释便是一个建构过程。建构主义作为一种不同于传统的认识论和思维方式,所指涉的是这样一种思想,即人类不是静态地认识、发现外在的客体世界,而是经由认识发现过程本身,不断构造新的现实世界。

一些学者认为社会问题既不是一种问题自明的客观状态,也不是贴了问题标签的社会行为问题,应当从问题被定义的活动及其社会过程中进行说明。他们对社会问题进行了如下经典定义:社会问题是个人或群体对其所认知的某些状况主张不满,作为宣称的活动。建构主义秉承现象学本体论的一个基本预设,社会现实是以解释过的事实而非客观事实呈现自身,对社会现实的解释在很大程度上就是在不断建构新的社会现实。建构主义是一种理解社会现象的方法,认为社会现象是通过不同的社会实践和互动建构出来。建构主义关注社会实践、知识和文化,如何影响个体和社会的认知与行为。本体论上,建构主义认为社会现象是社会实践和知识建构的结果,因此强调文化和社会历史的重要性。

二、建构主义的主要观点

建构主义理论的核心是学习者以原有的知识经验为基础,积极主动地建构新知识、新经验的过程,对指导教学具有重要意义,主要观点包括知识观、学习观、学生观和教学观四个方面。

(一)建构主义的知识观

建构主义对知识的认识具有更加深入的理解,认为知识是一个时期阶段对周围环境的认识表征,不能超越时间和阶段,知识是多层次动态发展。建构主义理论认为"人类的知识只是对客观世界的一种解释,不是最终答案,更不是终极真理,而是随着人类社会发展和科学技术进步,不断被新知识和新理论所超越、所取代"。知识不可能存在于个体之外,学习者真正地理解知识需要靠自己的知识背景和生活经验去建构,并且还取决于特定情境下的学习活动。知识总是和认知者相关,与认知者在特定情境中的求知过程相联系,知识总是包括认知者对知识的建构与理解,以及所有这一切发生的情境脉络。所以,建构主义强调对学习者在已有的知识水平上去认识新知识,通过外界资源的帮助,主动对新知识进行稳定的建构。

(二)建构主义的学习观

建构主义认为学习的本质是学习者积极主动建构知识的过程,并且这种建构知识能力的过程不能被教师、同伴和其他协助者所代替,需要学习者对知识的信息或表征符号进行加工处理,对知识赋予一些新的含义。学习者通过原有的知识水平和新知识之间的相互作用关联,也就是皮亚杰认为的在"同化—顺应"的往复循环中不断得到提高,主动完成对知识的建构。建构主义认

为学习者通过原有的知识能力,重新对新知识表征、编码,建构自己对内容的理解,这种理解如果能稳定地、完美地解释周围环境的变化,那么就认为学习者完成了知识建构。学习相同知识时,不同的学习者表征结果不同,这也是每位学习者身心发展独立性、差异性的结果。建构主义更加注重学习的探索性、独立性、合作性和个体差异性,建构主义学习观赋予了学习新的内涵。

(三)建构主义的学生观

建构主义的学生观坚持以学生为本,尊重学生的主体意识,关注学生已有的知识经验,鼓励学生充分发挥探索精神,积极主动地阅读教材、查阅资料,通过师生之间、生生之间的互相协作完成对所学知识的建构。建构主义者强调学生经验世界的丰富性,强调学生的巨大潜能,指出学生并不是空着脑袋走进教室,而是已经形成了丰富的经验。建构主义强调学生经验世界的差异性,在具体问题面前,每个人都会基于经验背景形成理解,每个人的理解往往着眼于问题的不同侧面,而且学生是多样性、发展中的人。所以,在教育教学过程中,教师要用动态的眼光看待学生,不能无视学生的经验,而是要把学生现有的知识经验作为新知识的生长点,引导学生从原有的知识经验中"生长"出新的知识经验。教学不是知识的传递,而是知识的处理和转换。

(四)建构主义的教学观

建构主义学习理论在西方逐渐流行,建构主义理论教学观开始成为现代教学设计的主要指导思想。建构主义强调教学不是教师的单向传递知识,而是学习者在一定情境下通过其他途径进行意义建构获得。对概括性知识的学习可以独立于现场情境而进行,学习的结果可以自然地迁移到各种真实情境中。建构主义教学观提倡与实际情境相类似的教学,这种教学是以实例和问题为基础。建构主义认为,学习总是与一定的社会文化背景即"情境"相联系,

在实际情境下进行学习,可以使学习者能利用原有认知结构中的有关经验去同化和索引当前学习到的新知识,从而赋予新知识以某种意义。如果原有经验不能同化新知识,则要引起"顺应"过程,即对原有认知结构进行改造与重组。总之,通过"同化"与"顺应"才能达到对新知识意义的建构。

三、建构主义理论指导下的教学设计

建构主义理论强调以学生为中心,要求学生主动完成意义建构,教师只是学生意义建构的帮助者和引导者,与传统的教学模式存在很大区别。因此,教学设计也相应地发生变化。

(一)强调以学生为中心

传统教学只重视教师的"教",忽视了学生的"学",而建构主义理论注重学生积极主动地学习,强调学生在教师的引导和帮助下自主完成知识的意义建构。建构主义理论的"以学生为中心"可以通过以下三个方面来呈现:一是培养学生自主学习能力,充分发挥学生的积极性与主动性,引导学生自主探索;二是让学生在不同情境中应用所学知识,把所学知识外化,真正将知识应用于生活中;三是实现自我反馈,让学生在实际行动中认识事物、解决问题。

(二)强调情境的重要性

建构主义理论的支架式、抛锚式和随机进入式教学模式都有创设情境这一环节,让学生在具体的情境中感受并应用所学知识。在具体情境中,学生可以用已有的知识结构去同化新事物,将新事物内化为自己的知识,从而丰富知识体系。学生自身的知识结构无法接纳新事物时,就要引起顺应的过程,改变原有的知识结构。在具体的情境中,学生通过"同化"和"顺应"逐步完成意义建构。

(三)强调协作学习的重要性

皮亚杰认为"儿童是在与周围环境相互作用的过程中,逐步建构起关于外部世界的知识,从而使自身认知结构得到发展"。这也就说明学生间的协作学习非常重要。在教学过程中,教师指导学生进行协作学习,针对要解决的问题,学生首先表达自己对问题的看法,然后同学之间相互讨论,并对其他学生的观点做出评论,取长补短。协作学习可以有效地实现资料共享,从多个角度理解所学内容,从而完成意义建构。

(四)强调学习环境设计

建构主义理论认为,"学习环境是学习者可以在其中进行自由探索和自主学习的场所"。在学习环境中,学生可以利用各种资源进行学习探索,包括视频、资料、书籍和多媒体课件等。学生在学习过程中,既可以得到教师的帮助与引导,还可以与同伴互相协商讨论,进而实现学习目标。建构主义认为学习是积极主动的过程,而不是被动地接受知识,学习环境对学习起着至关重要的作用,好的学习环境能够促进学习,反之则会阻碍学习。因此,教学中要注重学习环境设计。

第二节 认知心理学理论

认知心理学是起源于 20 世纪 50 年代的一种心理学思潮,科学家奈塞尔的《认知心理学》出版,标志着认知心理学学科正式诞生。广义的认知心理学研究人类的高级心理过程,主要是认识过程,包括注意、知觉、表象、记忆、创造性、言语和思维等。认知心理学是西方心理学的重要分支,也是目前心理学的

重要分支。随着人类对认知形成的过程及其生理基础的不断探索,认知心理学在其发展历程中出现了多种研究范式,主流范式包括符号主义范式和联结主义范式。二者共同的核心都认为认知的本质是计算,人是一个信息加工系统,认知就是信息加工,只是研究侧重点不同。符号主义范式倾向于将"信息"更加形象化地比作一个一个符号;而联结主义范式侧重于信息之间的联系。联结主义范式将信息传递过程与人脑中的神经元和突触等生理结构联系起来,认为信息并非某一个单元携带并单独完成传递,如同神经网络的复杂性,信息之间也存在复杂联系。理论发展总是不断地与时俱进。随着第二次认知革命浪潮的到来,具身认知研究范式脱颖而出。当前,随着神经科学和脑科学以及相关科学技术的不断发展,认知心理学理论得到了更多的生理学证据,理论与实践在不断丰富和发展中。

一、认知的特性

认知心理学尝试解释个体高级心理的形成即认知过程,认知心理学研究中新发展的"具身认知"提出了认知的具身性、情境性和动力性。

(一)认知的具身性

符号主义范式和联结主义范式的基本核心均认可"认知过程是人脑的计算过程",即均认为认知是独立的、离身的,而现今较多的实证证明认知是具身的,与身体的各项感觉通道息息相关。认知的形成过程中,个体的生理体验会影响心理状态,即认知不是完全的心理过程。法国身体现象学的代表人物莫里斯·梅洛-庞蒂在《知觉现象学》中提出了具身的哲学思想,主张"知觉的主体是身体,身体嵌入世界之中,就像心脏嵌入身体之中,知觉、身体、世界是一个统一体"。具身认知思想家主张思维和认知在很大程度上依赖和发端于身

体,身体的构造、神经的结构、感官和运动系统的活动方式决定了怎样认识世界,决定了思维风格,塑造了看世界的方式。如果人类拥有蝙蝠的生理结构,所感知到的世界就完全不是现在的样子。因此,认知是身体的认知,心智是身体的心智,离开了身体,认知和心智根本就不存在。已有研究表明,主体受到具有情绪色彩的事件和词语的刺激时,相应的身体反应先于认知上判断所产生的情绪,这也充分说明认知过程无法独立于主体的身体之外,而是联系的、具身的。

(二)认知的情境性

认知是在一定情境下基于日常生活形成与发展。如同认知不能脱离主体的身体一样,主体生活于环境中,那么主体产生的认知自然也不能独立于环境之外,并且与主体自身原有的社会经验和文化都有必然联系。因此,认知是大脑、身体、环境三者相互作用的产物。大脑和身体在感受到外界环境的刺激信息时,主动进行信息内化,将其并构进原有的认知结构,使更新后的认知结构更加完善。有研究者认为,形成的心智也并不局限于主体内部,而是反馈给外界环境。"心智并非完全包裹于大脑中,可以超越头颅和皮肤的疆界而进入外部世界。"个体对于自身熟悉的认知内容会产生更加强烈的兴趣和好奇,想要获得解释的欲望也更加强烈。情境的类型,包括实际提供的现实情境和通过描述而想象的虚拟情境,两种不同的情境都能够获得不同程度的效果。已有研究表明,主体感受越具体,形成认知的过程就越简单。所以,通常现实情境所能获得的效果相对更好。

(三)认知的动力性

认知是系统化的动态过程。认知是不断发展、动力驱动的过程,而非线性的、规律的、离散的状态,即在不同的时间里,认知会时时刻刻受到身体和外界

环境的影响而发展。与此同时,认知系统和外界环境的关系为耦合效应,即两者在相互影响、相互作用下产生认知的增力效应。认知发展动力也受主体的内在动机影响,应该通过不同的评价形式来激发人的认知动力。同时,认知活动有着时间的压力,即认知是身体在实时压力下与环境互动,因此给予适当程度的压力也是促进认知进程的一种方式。

二、认知加工系统模型

人的认知行为是复杂的信息处理过程,包括产生、编码、转换或者对不同类型的信息进行处理,也包括相关的推理、问题的解决和概念的创造。人脑是一种复杂的物体,相关认知心理学研究表明,很多复杂的智能活动和晋升高级层次的生活都依赖于大脑,大脑也是人类认识世界和了解世界的重要器官。认知活动的基础是大脑对于外界信息的一种特殊处理过程,人脑加工系统的处理过程更是类似计算机的处理过程,在接收某种信息之后进行编码处理,并对编码后的信息进行相关的决策处理,从而产生一种新的信息表现形式,同时对相关信息进行存储输入,最后输出相关符号信息。这样的认知过程可以用"认知加工系统"来表示,即感觉接收环境信息,从而形成长时记忆,经过中枢加工器处理,形成工作记忆,产生对环境的反应。人对外界环境认知活动的基础是人的大脑对外界信息的加工,也是对人体各个感觉器官所接收到的外界环境信息的加工,这个过程比较复杂,涉及对信息的一系列加工活动,这一系列的认知活动,共同组成了人对外界环境信息的认知过程。

(一)语言

语言是人脑皮层的一种高级功能,在近一个世纪的研究中,学者们得到一条基本的规律:脑的不同部位对于语言的转化功能不同。视觉和触觉得到的

信息,传入给大脑的相关语言区域进行整合、编码及深度处理。其中,大脑的语言中枢分为两部分,分别是运动性语言中枢和感觉性语言中枢,运动性语言中枢又称为前说话区,位于大脑的额下回后的 1/3 处;感觉性语言中枢又包含两个部分,分别是听觉性语言中枢和视觉性语言中枢,主要是用于分析语言、识别语言进而处理相关信息,同时又被称为后说话区,一般是指大脑的优势半球中上回后部。大脑语言功能分区分别为:经典语言功能区、语义相关功能区、音韵相关功能区、拼字相关功能区及双语者脑语言功能区。不同的大脑分区会对软件界面的信息进行不同的编码,最终会对大脑信息的处理产生影响。

(二)意识

认知心理学上的意识包括感觉、知觉、记忆及思考等活动,不仅能整合自身心理活动,还能关注外部环境。意识是大脑本身的一种功能,也是多个脑细胞对信息的整合。这需要对信息进行选择,也就是选择性注意。尤其面对纷繁复杂的信息,如何做到将有限的注意力分配给特别重要的信息,就需要信息的筛选和加工处理。在这种情况下,就开始发挥大脑意识的作用。著名心理学家奥恩斯坦将意识分为两种模式,分别为"主动-言语-理性"模式和"感知-空间-直觉-整体"模式,两种模式也分别被称为主动模式和感知模式,分别由大脑的不同区域所控制。主动模式是大脑自动进行,与操作者的生存能力、相关经验,以及某种刺激无关;感知模式启动是当人对正在发生的事情进行感知归纳和判断时,会对正常的感知增强感受。

(三)记忆

认知心理学对记忆也进行了明确说明,通常被认为是人脑积累、保存和提取个体经验等 3 个方面心理过程的综合整合。人脑对外界输入信息进行编码、存储和提取的活动属于信息加工过程。同时,人脑会对不同的经历留有印

象,这种经历可以是感知过的事情、深思熟虑的问题、经历过的情感或者从事过的职业,这种印象就是记的过程;在一定情境下,存储在大脑的一些信息,会被唤醒,这就是忆的过程,完整的储存在唤醒的过程中就成为记忆。记忆根据时间长短可以分为感觉记忆、短时记忆和长时记忆。感觉记忆仅能保持几十毫秒或是几百毫秒,短时记忆可以达到 20 至 30 秒,长时记忆可以储存 1 分钟以上。外界信息到达大脑,形成感觉记忆,感觉记忆一旦被注意就形成了短时记忆,短时记忆经过大脑的改组、分析和利用从而形成长时记忆。

(四)思维

思维是认知心理学的一个细小分支,但范围非常广泛,包括感知思维、形象思维、抽象思维和灵感思维。在思维的过程中,注意占有很大比重,可以说注意让人类更好地接收外界信息,及时注意到外界的相关变化,在这样的意识活动中,大脑的思维通常是串行和并行。推理是不拘于现有的知识,是根据现有的知识得到新的知识形式的一种思维方式,这也充分表明了人的大脑和认知具有创造性,同时也是加工问题的一种方式和解决问题的方法,具有逻辑原则,反映了人具有理性思考的能力,这种能力不是凭空而来,而是有客观的依据。推理在心理学方面又分为演绎推理和归纳推理。推理不仅能够帮助操作者解决相关问题,同时也可以使操作者的知识和经验都达到一定程度的扩充。

(五)决策

决策是一种复杂的认知过程,也是信息交互过程。这种交互是在外界信息和决策者之间的交互,将外界相关信息、操作方式、操作方法和数据传递给决策者,决策者将相关的信息进行整合,从而形成新的知识、新的数据、新的方法,达到信息流通的目的。

三、认知心理学研究的核心内容

(一) 感知特性分析

感知觉是认知心理学的基本要素,也是人体在认知过程中对刺激做出反馈的最直接之处。人类的认知过程是感受外部刺激,并处理做出反馈的过程。感知觉涵盖两个基本面:感,即感觉;知,即知觉。二者相互联系,也存在差异。感觉是大脑对世界的最初认识,是一种直接印象,即对客观存在事物单一特性的理解,简单且带有感性。知觉则带有一种整体观和理性感,是对客观存在规律的总结。简单来说,对一仵事物的各种感觉汇总于大脑后,对该事物的整体印象就产生了,继而产生了对该事物的知觉。因而,知觉可以看作是多种感觉的抽象,感觉的不断积累,最终会发展成对客观事物整体理解,形成知觉。而将知觉具体化,就是对事物的多种印象,即感觉。知觉具有相对性、选择性、恒常性、整体性、组织性以及意义性等 6 类基本特征,这 6 类基本特征同样适用于视觉。感知是多个器官协同作用的结果,且感知觉的基本特征大部分属于人类的心理现象。

(二) 注意特性分析

"注意"是心理学概念,是人在认知过程中产生的一种"过滤性"的心理特征。注意伴随着感知、记忆、思维及想象等一起发生,是大脑对接收到的事物刺激进行选择性加工,同时忽略其他事物刺激的过程。日常说的"凝心屏气""聚精会神"等就是指注意这一认知现象。注意具有以下特性:一是注意具有选择性,当外界刺激较多时,会选择性地注意到自己需要的信息而自动忽视其余信息。同时,过多的刺激也会影响人选择的过程,耗费大脑认知时间;二是

注意具有持续性,对同一事物或者同一活动的注意力会在一段时间内保持稳定,但持续时间有限,人对所有事物的注意力均为 7~10 分钟;三是注意受事物本身特性指引,当某一事物由于本身特征产生的刺激远远大于其余事物时,人们会首先注意到刺激量较大的事物;四是注意受人对事物的预期影响,人们会对大概率发生的事件或者心中期待的事件发展加以注意,对意料之外的事情往往不会注意,从而导致"错过"发生;五是注意具有转移性,在新任务的指引下,人们对事物的注意可以从一个事物转移到另一个事物。

(三)记忆特性分析

认知心理学理论认为,人类记忆具有加工各种认知代码表象的能力,其中被注意到的信息被保留在短时记忆中,迅速且未被注意到的信息被短暂地保留在感觉记忆中,需要长时间保存的信息被转移到长时记忆中。记忆的流程分为识记、保持、回忆和再认等阶段。人类对外界事物进行筛选认识,并产生初步印象是识记的过程,也是记忆的开始。这一初始印象经过时间积累以及不断地注意,强化为大脑的经验,记忆得以保持。回忆和再认是第三阶段的两种形式,是对前两阶段的继承与反映。因此,这三个阶段带有时间上的递进,逻辑上的统一,相互制约又相互促进。识记是基础,为后两个阶段提供前提条件;保持在记忆中是承上启下的阶段,是记忆的关键一步;最终,保持强化的认知需要得到反馈与检验,即回忆和再认。记忆可从不同角度分类,认知理论侧重于通过对记忆持续的时间跨度,以及大脑对所认知内容的分类和理解方式进行分类。长时记忆原则上永久保存,但是由于长时间的停留且未复述,长时记忆中的某些信息就会被新的信息所取代,被替代掉的旧信息仍然会变成短时记忆,因此短时与长时记忆在特定环境下能够实现可逆转化。

(四)反应特性分析

反应是指人体在刺激产生并在接收后进行的相应反馈。具体产生流程是

人的感觉器官接收刺激以后，将信息由中枢神经传入大脑皮层进行加工处理，大脑皮层对信息加工后指挥人的眼和四肢等器官的相应行为进行反馈。例如，驾驶员行车过程中，刺激与反应是相互协调的过程，如果看到红灯踩刹车制动，看到绿灯踩油门加速。如果刺激与反应相互颠倒，则会延长反应时间，造成误操作甚至发生事故。反应包括简单反应、选择反应与辨别反应等3类。简单反应是指给用户一个单一的刺激，要求用户只做单一反应即可；选择反应是指用户面对超过一个的多种刺激行为时，面对不同刺激需要做出不同的行为反馈；辨别反应是指用户面对超过一个的多种刺激行为时，只要求用户对其中一种特定的刺激做出行为反馈，其余刺激不产生反应。反应的影响因素包括反应时间、反应速度和反应精度。其中，反应时间指机体从接收信号到做出反应的时间；反应速度则是指机体对各种刺激信号做出快速应答的能力；反应精度指的是做出反应的准确度，反应精度受机体能力、目标的位置与大小等因素影响。

第三节　行为主义心理学理论

行为主义心理学产生于20世纪初、第一次世界大战爆发前一年的美国。当时美国资本主义发展已进入了新的垄断阶段，迫切需要充分利用人的全部潜力来提高生产效率，最大限度地创造利润，最稳定地维持社会秩序。生产效率是直接通过身体动作的效率而体现，要提高生产效率就得提高身体动作的效率。因此，探索和掌握行为的规律，预测和控制人的行为，最大限度地提高工作效率，是美国资本主义社会大工业机械生产的迫切需要，也是华生行为主义的社会主旨。心理学作为一门独立的科学问世于19世纪末，由于刚刚从哲学的母体中分娩出来，仍带有浓厚的哲学气息，将神学心理学传统的意识作为

对象,用内省的方法由心理学家观察自身的心理过程作为研究方法,但研究成效甚微并且问题很多。因而许多心理学家纷纷自立门户,试图建立一种更为科学且众望所归的心理学派别。一些心理学家提出,心理学应以行为为研究对象,彻底放弃意识等传统心理学的主观性概念。在此历史背景下,行为主义心理学应运而生。

一、行为主义产生的必然性

(一) 自然科学的影响

华生行为主义主要受到自然科学中生物学和生理学的影响,达尔文的生物进化论对华生影响很大。进化论认为反射是生物适应环境的基本方式,生物学家将反射和神经过程、本能联系起来,使反射概念成为生物学的核心概念。华生行为主义的刺激-反应(S-R)基本公式,可以说直接来源于生物进化论思想。早在 16 世纪就有学者提出反射的概念,笛卡尔认为人和动物在本质上相同,行为的基础就是反射。笛卡尔之后的学者,别赫切列和巴甫洛夫等人也借鉴了反射这一概念,这些思想观点都为华生所用,成为行为主义的理论基础。

巴甫洛夫率先采用条件反射的方法,对动物和人的高级神经活动进行研究,创立了高级神经活动规律理论。巴甫洛夫严格遵守实证主义的哲学思想,在实验室的墙上就悬挂着"观察,观察,再观察"的座右铭,从这一座右铭中可以看到,巴甫洛夫完全是从外在的方面去研究人的高级神经活动。巴甫洛夫认为反射是机体活动最基本的组成元素,并将反射分为条件反射和无条件反射。无条件反射是指生物体与生俱来的、生存所必需的基本反射;条件反射是生物体在无条件反射的基础上,通过学习所获得的一种建立在大脑皮层上的

暂时性神经连接。巴甫洛夫有关反射的学说对华生的行为主义起到了重要的影响。在这些自然科学成就的基础上，华生吸取了前人研究成果，提出了行为主义。

(二) 社会科学的影响

行为主义的产生有着深刻的社会学背景。20 世纪初期，美国正经历着高度机械化生产时期，工业生产正在开始逐步实现自动化。因此，对生产自动化的要求，迫切需要提高工人劳动率，因此研究人的行为就成了不可避免的趋势。华生对此有着深刻认识，认为社会生产需要心理学家对行为展开研究，而传统心理学对意识的研究对于解决这一问题无益，所以心理学应当针对人的行为进行研究。

行为主义的产生是顺应历史潮流的结果。在行为主义以前的心理学研究，包括构造主义和机能心理学，多数是对人的意识现象进行研究，采用理论和思辨的方法，这些心理学流派得出的研究结果，对解决社会问题，满足社会需要并没有多大用处。因此，心理学界发出了改革的呼声。其实，早在行为主义产生前，心理学内部就有人提出心理学需要研究更为实际的问题，并对社会需要、社会问题作出解答。华生提出的行为主义正是迎合了这一发展需要。

行为主义的产生有深刻的哲学基础。在行为主义产生时期，哲学领域也正在经历着一场变革。由于资产阶级发展和自然科学进步，传统的哲学观难以维持。在自然科学引领下，实证主义吸取了自然科学成果，概括了新的哲学体系，实证主义和新实在论共同构成了古典行为主义的哲学基础。实证主义作为日后心理学的理论基础，对心理学发展起到了举足轻重的作用。实证主义认为一切知识都是以经验作为其基础，"实证"二字是对实证主义的最好概括。行为主义受实证主义的影响最大，华生认为，意识等传统心理学的研究对象无法证实，所以不能成为心理学的研究对象，只有可以直接观察到的行为，

才是科学心理学真正的研究对象,行为主义这一核心思想正是受实证主义影响的结果。

(三)心理学自身的发展困境

心理学成立初期,心理学家普遍认为心理学的研究对象是意识,称其为意识心理学。由于意识研究是非常复杂的领域,所以不同的心理学家对什么是意识这一问题存在很大争论,心理学出现了各种不同学派,这使心理学处于一种分离的危机。比如,这一时期就存在内容心理学和意动心理学的对立,构造主义和机能主义的对立。心理学迫切需要一种理论来引领心理学的发展。

20世纪初,华生提出心理学不应该以意识为研究对象,而应以人的行为作为研究对象。华生的思想承袭了实证主义思想,认为意识不可靠,不能进行实验验证,所以心理学的研究对象不应该是意识。行为作为一种外显可观察的对象,可以用实验的方法进行研究,所以应以人的行为作为研究对象。华生通过对以往心理学派的批评,指出了这些学派存在的问题,显示出了这些学派在适应社会要求上的困难。在这种情况下,行为主义心理学研究的目的就是试图克服心理学现存危机,解决心理学面临的问题,增强心理学的社会适用性。可以说,行为主义在当时具有先进性,符合历史发展潮流。

二、行为主义理论的基本结构

行为主义心理学被看作是自然科学的一种,对传统的意识心理学进行了批判,为了使心理学获得与生物学和物理学等自然科学同等地位,就需要摒弃心理学研究中所有主观的概念和名词,采取更客观的研究对象和方法。行为主义心理学引导下的具体理论结构,包括从心理层面出发的自我效能感理论,以及从行为角度出发的观察学习理论和操作学习理论。

（一）自我效能感理论

自我效能感理论是一种心理学理论,主要研究人类在面对不同挑战和任务时,对自身能力的信心和自我评价的影响。在这个理论中,自我效能感是指个体对自己完成某项任务的能力的信心程度,而这种信心程度又会影响到个体的行为和表现。自我效能感理论最早由美国心理学家阿尔伯特·班杜拉于1977年提出。班杜拉认为,自我效能感是一个人对自己能力的评价,而这种评价会影响到他们在不同情境下的行为和表现。自我效能感可以分为不同的类型,比如,任务自我效能感,个体对自己完成特定任务的信心程度;社交自我效能感,个体对自己在社交情境中表现的信心程度;心理自我效能感,个体对自己情感、情绪和心理状态控制能力的信心程度。

自我效能感对于个体的行为和表现有着重要的影响,当个体的自我效能感强时,更有可能面对挑战和任务,并且更容易取得好的结果。相反,当自我效能感弱时,个体就会感到无助和沮丧,从而更难以完成任务。个体可以通过多种方式提高自我效能感,比如学习新技能和知识,通过不断地进行学习和实践,个体可以提高自己的能力;回顾成功经历,个体可以回顾自己以前的成功经历,从而提高自信心和自我评价;设定目标和计划,个体可以设定明确的目标和计划,从而使其更有动力和信心去完成任务。

（二）观察学习理论

观察学习理论认为人类的学习,多数是在社会交往中,通过对榜样示范行为的观察、模仿而进行。学习者在通过观察进行学习时,可以不必做出外部反应,也不需亲自体验强化,仅仅是通过观察他人在一定环境中的行为,并观察他人接受一定的强化来进行学习。班杜拉把观察学习分为四个过程:一是注意过程。为了能够依靠观察进行学习,需要注意榜样行为的重要特征,加以正

确地知觉。从中深入观察什么,能够吸取什么,是被注意过程决定。二是保持过程。把榜样的示范行为,以印象和言语形态保存在记忆中,成为记忆编码,在以后实行这种行为时起着向导作用。三是运动再现过程。把以印象和言语形态保存在记忆中的行为表象转换为行为的过程,也就是行为的实行过程。四是动机作用过程。示范行为如果导致有价值的结果,就会增强观察者产生同样行为的倾向;如果导致惩罚或无报偿的结果,就会抑制或削弱观察者发生这种行为的倾向。

观察学习的价值可归结为如下三点:一是依据直接经验的所有学习,都可以通过对他人的行为及其结果的观察而代理地实现。人的思想、情感和行为,不仅受直接经验的影响,而且也受观察的影响。因此,在教育中,榜样的示范作用是不可忽视的。二是人们由于具有通过观察而学习的能力,就能迅速掌握大量整合的行为模式,而不必通过不断尝试错误这种方法去学习。三是观察学习不仅可以使习得过程缩短,而且可以避免由于直接尝试失败带来重大的损失或危害。

(三)操作学习理论

操作学习论是美国心理学家斯金纳倡导的研究取向,根据操作条件作用的原理来解释个体的学习行为。根据斯金纳的看法,行为可以分为应答性与操作性两种,前者由刺激引起,有机体被动地对环境做出反应,后者自发产生,有机体是主动地作用于环境。行为又是由反射所构成,因而条件反射可分为刺激型与反应型,前者为巴甫洛夫的古典条件反射,后者为斯金纳的操作性条件反射。与之相应,学习可分为反射学习和操作学习。斯金纳认为,人类的大多数学习是操作学习,人不是被动等待刺激,而是积极主动地对环境进行探索,先有反应,然后才知道结果,再根据结果去调节行为。因此,斯金纳侧重于对操作学习进行研究。

操作学习论认为,学习的过程就是形成操作性条件反射的过程,其中,强化是形成操作性条件反射的重要手段。因为在操作行为受到强化之后,这一操作性的活动频率就会增加,而在反应之后不给予强化,则反应就会减弱,因此对强化的控制就是对行为的控制。斯金纳认为,行为操作发生后,立即呈现强化物,行为就被强化,凡是能增强行为反应概率的刺激和事件都叫强化物。强化物分为两种:一种是正强化物,是指跟随在一个操作反应之后,并能提高这个反应概率的刺激物,这种刺激物对反应产生正强化。另一种是负强化物,是指一个刺激如果从某一情境中排除时,由此能够加强某一操作反应的概率,就是负强化物。无论是正强化物还是负强化物,结果都是增加反应概率。

三、行为主义心理学的核心观点

(一)行为主义心理学的对象是行为而非意识

华生认为,人的心理状况必然通过其行为展现,而意识本身却有着大量的不确定性及非测量性,因此,为了表明"第一,心理学与其他自然科学的差异只是一些分工上的差异;第二,必须放弃心理学中那些不能被科学普遍加以说明的概念",华生将一般科学所要求的客观性原则引入心理学。行为,就是有机体对环境变化的各项生理反应,又分为外观习惯反应和内隐习惯反应。华生将意识归于内隐反应,因为他认为即便再微小的心理行为也会引发相应的生理变化,例如,情绪的变化会导致内脏腺体的变化,思维会引发肌肉,特别是咽喉的变化。这就是华生认为行为主义也是一种机能主义的原因。从而只需要通过对行为的研究,就可以达到对意识或心理的把握。

(二)行为心理学目的是干预与预测行为

既然所有的心理以及意识因素都可以归结于行为,那么只需要对行为进行预测及干预就可以达到控制意识或心理的目的。华生认为,行为是个体的外在表现反应,而所有的反应则是由于一定的刺激产生。这种观点就是 S-R,即刺激-反应的公式化行为模式。华生提出,人和动物的全部行为都可以分析为刺激与反应。他认为最基本的 S-R 联结就是反射,而其他所有复杂反应系统都只是一系列的反射组合,把握了反射,也就是把握了最基本刺激与反应之间的规律,就可以预测甚至干预动物或人的意识及心理。

(三)行为心理学的方法是客观而非内省

抛弃传统的内省法,以观察测量的客观发现作为心理学研究的主要方法,这也是心理学发展的必然要求。华生清楚地提出四种客观方法,即应用和不应用仪器控制的观察法、条件反射法、言语报告法和测验法。条件反射法是行为主义者最重要的研究方法,因为这种方法可使感觉辨别这样的主观经验转化为反应差异的客观事实。在以上方法中,言语报告法曾饱受争议,很多人认为言语报告法脱离了可实际观测的范围,是被观测对象的主观表达,对此华生有着自己的想法,他认为可以将这种言语报告置于能够被实验所检查的范围内进行运用,这样就不会破坏客观性。而斯金纳进一步完善了华生的理论,他在具体实验中设计并使用了著名的"斯金纳箱",在理论上提出了"操作性条件反射"的概念。

(四)个体行为是后天养成而非先天遗传

由于华生将所有的心理意识活动归结为一系列的反射活动,而反射活动中的刺激因素并非先天遗传而是后天获得。因此,华生的行为主义彻底否定

了先天遗传在行为中的作用。华生认为在人类的反射目录中,找不出哪一种相当于心理学家和生物学家所说的本能。华生以此认为环境和教育对儿童的成长有着绝对作用,只要通过合适的教育,儿童就绝对会成为所期望的人。华生是位教育万能论者。行为主义将环境视为行为的决定因素,使人生而平等,增加了教育的公平性,但却忽略了人的主观性,带有机械主义色彩,将人视为简单的"刺激-反应"的被动接受者。

第四节　人本主义心理学理论

人本主义心理学兴起于 20 世纪五六十年代的美国,由马斯洛创立,以罗杰斯为代表,被称为隙行为学派和精神分析以外,心理学上的"第三势力"。人本主义和其他学派最大的不同是特别强调人的正面本质和价值,而并非集中研究人的问题行为,并强调人的成长和发展。人本学派强调人的尊严、价值、创造力和自我实现,把人的本性的自我实现归结为潜能的发挥,而潜能是一种类似本能的性质。人本主义的最大贡献是看到了人的心理与人的本质的一致性,主张心理学必须从人的本性出发研究人的心理。

马斯洛的主要观点:对人类的基本需要进行了研究和分类,将其与动物的本能加以区别,提出人的需要是分层次发展;按照追求目标和满足对象的不同,把人的各种需要从低到高安排在一个层次序列的系统中,最低级的需要是生理需要,这是人所感到要优先满足的需要。罗杰斯的主要观点:在心理治疗实践和心理学理论研究中发展出人格的"自我理论",并倡导了"患者中心疗法"的心理治疗方法。人类有一种天生的"自我实现"的动机,即一个人发展、扩充和成熟的趋力,是一个人最大限度地实现自身各种潜能的趋向。

一、人本主义心理学的基本理论

人本主义心理学有着深厚的理论基础,包括自我实现理论、人格自我理论、高峰体验理论和意义学习理论。

(一)自我实现理论

马斯洛是人本主义心理学的主要创始人,被称为人本主义心理学之父。他的主要贡献就是将自我实现系统化、理论化,创建自我实现心理学。在伦理学中,自我实现是指人的德行在个人行为中的实现,以达到内在的我与外界的我完美统一。马斯洛认为,人的需求并非孤立存在,而是按照一定次序依次出现,首先满足基本的生理需求和安全需求,然后才能实现更高层次的需求,最终达到人性的完善和自我实现的状态。具体来说,自我实现是一个精神状态,是个体内部潜能的最大发挥和人性的最高表现,是心灵的成长和提高。马斯洛定义的自我实现包含两个方面:一是人类共性潜能的实现,由于这种潜能得到了自由充分的发展,而没有被扭曲或否定,马斯洛把这种潜能的实现叫作完美人性的实现;二是个人特性潜能的自我实现,自我实现需要是指创造的需要,是追求实现自我理想的需要,是充分发挥个人潜能和才能的心理需要,也是创造力和自我价值得到体现的需要。因此,追求个人特有潜能发挥和个人价值实现是自我实现需要。

(二)人格自我理论

罗杰斯认为,个体是完整有机体的存在,是一切体验的发源地,且在自我实现倾向的驱使下成长与发展,结果就是"自我""自我概念"的发展、扩充及实现。人格由"经验"和"自我概念"构成,当自我概念与知觉的、内藏的经验

呈现协调一致的状态时,他便是整合的、真实而适应的人,反之他就会经历或体验到人格的不协调状态。"自我概念"是罗杰斯人格自我理论的基础。罗杰斯认为,自我概念就是个体对自己及其与相关环境的知觉和看法,是自我知觉与自我评价的统一体。自我概念的定义包含三层含义:一是个体对自己的知觉与评价;二是个体对自己与他人之间的关系的知觉与评价;三是个体对环境的知觉以及自己与环境之间的关系的评价。自我概念的强弱直接影响个体对世界和自己行为的认知。

(三)高峰体验理论

高峰体验的概念最早由美国心理学家马斯洛提出。高峰体验是一种心灵的经历,通常是指在某个特定时刻,个体感到自我消失,与宇宙或更高层次的存在融为一体,感受到强烈的幸福、喜悦、和谐、爱和平静等情感体验。高峰体验通常是一种非常积极的体验,可以给人带来深刻的启发和改变。高峰体验是人类追求自我实现和完美的重要体验之一,是一种超越个人自我的体验,具有深刻的意义和价值。同时,能够促进人的自我实现,促进心理健康。当一个人处于高峰体验的状态时,能够更加真实地认识自己,更全面地发掘潜能。可以说,高峰体验是通向自我实现的必经之路。

(四)意义学习理论

罗杰斯是美国最具代表性的人本主义心理学家,提出著名的"意义学习理论",对人本主义心理学的发展做出了不可磨灭的贡献。罗杰斯倡导"以人为中心"的非指导心理治疗和"以学生为中心"的非指导性教学思想;批判传统的以知识传授为目的的教育方式,指出人内在动力在学习中的重要性;主张培养学生全面发展,关注学生心理健康。罗杰斯的意义学习理论充分体现培养全人的理念,培养具有应变性、有独立思想、有学习经验的人。罗杰斯认为,应

用非指导性教学思想,需要充分相信学生潜能,尊重学生情感,与学生建立平等真诚的人际关系,关注学生精神世界。

二、人本主义心理学的核心内容

人本主义心理学的核心内容由人性观、价值观、方法论、教育观和心理治疗观构成。

(一)人本主义心理学的人性观

人性天生是向善的,人本主义相信人有能力对自己进行指导,能够对自己的存在方式负责。只要有环境与条件,人性就能在自我实现的先天动机驱动下,向着健康的方向不断发展。人性可以持续不断地成长,人本主义心理学家认为人是"正在成长过程中的存在",人性是发展的,每个人的内心深处都有一种提高和完善自己的倾向,都有希望摆脱外界控制而独立、"成长为自己"的心向。罗杰斯说:"好的人生,是一种过程,而不是一种状态,是一个方向,而不是终点"。人本心理学家认为,人所追求的自我完善和实际上的不完善之间的矛盾是人性发展的根本原因,人性具有自我实现的先天倾向。人性是自主的,是能够进行自我选择的。人本主义的哲学基础存在主义认为,人的存在感来源于其亲身感觉,人的亲身感觉来源于其自主选择和为自己的选择所担负的责任。不管这个选择带来的结果是什么,只要是自己的选择,就能够给个体带来感觉。有了感觉就有了存在感,个体就会意识到自己是个独特的存在、有独特的价值,这样,在不断的选择之中,个体就能达到自我实现、"成长为自己"。在这个过程中,个体必须做出符合自己真实内心的选择,而非屈从于外界或别人的意志。

（二）人本主义心理学的价值观

人本主义心理学既反对价值中立说和无关说，又反对精神分析的内化价值观和行为主义的外塑价值观，主张建立"主观内在价值观"。人本主义心理学家看来"主观内在价值观"，指价值观存于人的本性中，是人性整合的有机构成，也是理解人性的基础，是自主的、有意向的健康成长的价值体系，还是主动的、自我选择和自我决定的、积极的，而不是被动地接受的价值观。人本主义心理学认为人的价值在于对真善美的追求，是人内在潜能的实现。人本主义心理学的动机理论是马斯洛的需要层次理论，该理论基于人是被欲望驱使的动物的一种假设，另一种假设则是人类的追求具有普遍性，在一定程度上揭示了人类行为和心理活动的共同规律。马斯洛的需要层次理论中生理需要、安全需要、归属需要都属于低级需要，尊重需要和自我实现需要属于高级需要，必须通过内部的循环才能够得到满足。马斯洛以人的需要为基本出发点，探索和研究人的行为，有效调动人的积极性，要想处理好人与社会、与他人的关系，就必须处理好这五类需要的关系，拥有健康的心理，树立健全的人格。人本主义重视主体自身感受的价值而非来自环境强化的感受，人的价值实现本身就是对主体的强化，无须外部奖赏。

（三）人本主义心理学的方法论

人本主义心理学方法论是人文科学的研究取向，是问题中心论的科学本质观，是整体主义的研究路线，以"道家的客观"弥补"科学的客观"的片面，从研究"物"的范式到研究"人"的范式，以层次整合的思维方式研究不同于自然、物的人。心理学派方法论主要有两大支柱，一是实证主义，即以强调感觉经验、反对形而上学为基本特征的哲学思潮，坚持以事实为研究对象，主张运用观察和推理等方法，目的是发现事实之间的不变关系。二是现象学，即强调

以"纯粹意识"为对象,通过直接、细微的内省分析,体验、理解和描述意识构成作用及主体在其特殊视界内的"生活世界"。长期以来两大支柱各自为营,人本主义心理学则采取了折中主义原则,把对现象学和存在主义的理解引入到实证主义方法中,以实现客观实验范式和主观经验范式整合,这种整合便成为人本主义心理学方法论的基本构想和主要特征。人本主义心理学家从理论上高扬了人的独特性、主体性、良善性和整体性,强调了人是一个"整合"的人,这种整合能够兼容多种两极对立,突显了人的整合本性。同时,将这些主张应用于健康人格的具体研究中,使得这些主张有了赖以成立的丰富的心理学依据。人本主义心理学家提出以人的特性去构建心理学方法论,使心理学对方法论的思考由原来的对心理和行为研究,转向为如何将人真正当作人来研究,从而使心理学方法论建构回到合理出发点。在提出"人"的研究范式的同时,保留了心理学的自然科学取向,将非主流的人文科学取向也纳入心理学,初步确立了心理学的整合视野。

(四) 人本主义心理学的教育观

传统的教育目标以知识传授为主,学校教学自成体系,落后于世界的发展变化。随着世界现代化进程不断加快,外部环境快速变化,对人的适应性提出了更高要求,罗杰斯认为传统的教育目标应做出相应调整,以促进人的变化和成长为目标,增强人的社会适应性。学校教育应当以学生为本,"教人"比"教书"更重要,要培养面对快速变化的世界能够调节自我的人,要培养善于学习的"自由"人。罗杰斯反对行为主义学派和精神分析学派将学生视为动物和机器,基于人本主义的性善论,认为学生天生有学习的欲望,教育的任务在于激发人的潜能。以研究健康人格和自我实现为主,关注人的内在潜能和发展的无限性,形成了一种倡导自由教育、以学生为中心、发展学生自我潜能和价值为目标的人本主义教育思想。人本主义心理学的教学观主要思想是反对无目

的的教育,提倡教人、做人、成人的教育,旨在达到自我实现;反对脱离价值的学校课程,主张实行课程改革,开展有意义学习和经验学习;反对以教师为中心的传统式教学,坚持以学生为主体,开展以学生为中心的学习;反对机械强化和条件作用的学习,主张知情统一,开展最佳的内在学习;反对不利于教学的师生关系和学习氛围,重视人际的相互影响,发挥教师在有意义学习中的"促进作用"。

(五)人本主义心理学的心理治疗观

人本主义心理学的治疗观,将人看作是一个统一体,从人的整体人格去解释其行为,把自我实现看作是一种先天的倾向,认为应该从来访者自身的主观现实角度,而不是治疗师的客观角度去分析。这种"以人为中心"的治疗就是人本主义心理治疗观的重要内容。人本主义心理治疗取向的核心假设是个体内部拥有许多用于认识自己、改变自我概念、基本态度与自我定向行为的资源,只要营造出富有支持性的心理氛围,这些资源都会被调动起来。人本主义心理治疗观把治疗过程看作是来访者自身成长和改变的过程,注重来访者自身的发展与变化,强调来访者自己有责任和能力找出更好的应付现实生活的途径,关注治疗师与来访者之间的关系。对人本主义的治疗者而言,最有力的治疗技巧是治疗师的态度,融合了真诚、无条件的关注、接纳和同情心。正如罗杰斯所说的那样,"个体中存在着大量的自我理解和改变自我、态度和自我指导行为的力量,如果能为他们提供明确的、便于心理治疗的氛围,这些力量都能得到有效的利用"。人本主义心理治疗对科学模式的操作性心理治疗提出了强有力的矫正方法,把心理治疗从单纯的生理角度置于更广泛的历史文化背景中。

三、人本主义心理学的基本策略

人本主义心理学的基本策略是依循人本主义心理学理论或人本治疗观所总结出的帮助个体在学业、压力、情绪、人际及行为等问题上获得改善或解决的方法与技巧。

(一) 发展自我价值

人本主义心理学家主张重视人的尊严和价值,关心人的潜能发展。人本主义心理学与传统行为学派最大的不同点在于,强调人的主体性和个体的尊严与价值,肯定人的价值及自我实现的潜力,重视人性的积极面,提供许多帮助个体使生命更有价值的方法。人本主义心理学家强调自我价值以及人们选择指导自身的行为来达成有意义的完满的生活的过程。人本主义观点认为,关键是每个人根据自己的经验和评估发展自己的价值观,而不是盲目地接受其他人的价值观,否则,人们就会否认自己的经验,失去与自己感受的联系。

(二) 强调自我觉察

自我觉察与自省意思相近,就是通过自我意识来省察自己言行的过程。人本主义心理学家也非常重视自我觉察,特别是个体对其情绪、行为以及想法的自我觉察。马斯洛认为扩展觉察及更高层次的洞察力,对减少症状具有比较好的效果;布鲁克斯与戈尔兹坦博士提及,如果个体能够自我觉察行为模式,就有助于找到深刻影响生活的情绪和想法;尼维斯在其著作《完形治疗:观点与应用》中强调自我觉察的重要性,并指出没有觉察就没有改变。当一个人开始通过自我觉察与人际互动,通过高峰体验领悟,通过各种自我探索,去移

除心中阻碍,使得曾经的创伤开始疗愈,使得心灵的自然生长继续开始,这个过程称为个人成长。

(三)重视关怀与接纳

人本主义心理学的主要创建者罗杰斯认为,当一个人在被同理、接纳、关怀的气氛下,自我实现的潜能马上就能够发挥。倡导人本主义心理学或人本主义心理治疗的学者,都强调咨询员与来访者之间的关系,同时也强调咨询员应展现对当事人真诚一致的态度、无条件积极关注和正确的同理心。真正的接纳必须包含真正的了解,只有自我能接纳自身缺点以及各方面限制时,潜能才能得以发挥。

第三章 体育运动心理训练

心理训练也称心理技能训练,是有目的、有计划地对训练者的心理过程和个性心理特征施加影响的过程,也是采用特殊的方法和手段使训练者学会调节和控制心理状态,并进而调节和控制运动行为的过程。通过专门训练,使受训者的思想观念、心理状态、心理能力和行为习惯等发生期望的积极改变,以达到更好地适应生活实践需要的目的。运动心理技能训练是现代运动训练系统必不可少的组成部分,通过与传统的身体训练、技能训练和战术训练相结合,构成了现代体育运动训练的完整体系。体育运动心理训练对运动员身体状态、战术水平和技术水平产生影响,促进运动员心理过程进一步完善,形成专项运动所需要的良好个性心理特征,满足高水平运动所需要的心理能力储备,使运动员的心理状态适应训练和比赛要求,为达到最佳竞技水平并取得优异成绩打下良好的心理基础。

第一节 运动员心理疲劳

运动员在比赛结束后的很长一段时间里,需要承受很大的心理压力,这必然会导致运动疲劳和心理疲劳。心理疲劳是由于长时间从事运动使工作效率

降低,出现疲劳感,身心功能降低的一种现象。现代心理学也有相关研究,由于运动员长期进行紧张、重复、大强度的训练和比赛,产生一种心理不安和疲劳感。心理疲劳不只是由身体能量消耗引起,也是人的主观体验。

一、心理疲劳与生理疲劳

心理疲劳不同于生理疲劳,运动员产生生理疲劳,通过一段时间的休息和恢复,仍能达到以前的竞技状态。但是,如果产生了心理疲劳,活动规律被破坏,有时发生异常反应,比如,对于较强的刺激出现较弱反应,对于较弱的刺激出现较强反应。动作协调性受到破坏,反应时间较长,动作过分急促或过分迟缓,思维及判断错误增多,继续疲劳下去导致动机下降,不想再参加训练,同时伴有淡漠、焦虑、抑郁、烦躁和失眠等现象,即使经过一段时间的休息,仍会伴随消极情绪反应。因此,心理疲劳比生理疲劳表现出更严重的情绪和心境障碍,直接影响运动活动的动机和认知。

在体育科学研究中,可将运动负荷分为训练负荷、生理负荷和心理负荷,三种负荷互相联系、互相影响但又互不相同。生理疲劳的直接来源是生理负荷或训练负荷,心理疲劳的直接来源是心理负荷。心理负荷是指在人的活动中,客观事件对人的心理过程产生的刺激,这种客观刺激同人的主观状态交互作用后通过人的行为表现、生理变化和主观体验等反映出来。

运动训练中,在对慢性疲劳综合征的分析中,常涉及对心理疲劳与生理疲劳差异的讨论。心理负荷常表现出与训练负荷和生理负荷不一致,具体表现是,训练负荷和生理负荷较小时,心理负荷可能很大,比如,运动员大赛前的辗转反侧,夜不能寐;训练负荷和生理负荷很大时,心理负荷可能很小,比如,举重运动员用踢足球进行身体训练时汗流浃背,但十分惬意。这种不一致导致了心理疲劳和生理疲劳的区别。

心理疲劳与生理疲劳的差异主要表现为五个方面：一是基本性质不同。心理疲劳更强调中枢疲劳，生理疲劳更强调肌肉疲劳。二是来源不同。心理疲劳的直接来源是心理负荷，生理疲劳的直接来源则是生理负荷。心理负荷是指在人的活动中，客观事件对心理过程产生的刺激，这种客观刺激同人的主观状态交互作用后，通过主观体验、行为表现和生理变化反映出来。生理负荷就是人所从事的体力或脑力工作。三是测量方法不同。心理疲劳的有效指标主要是心理学指标，包括自陈报告、反应时、两点阈、闪光融合频率和电生理学等指标；生理疲劳的有效指标主要是生理生化指标，包括心率、尿素氮、血睾酮和血红蛋白等。心理疲劳的测量不能忽视主观感受，生理疲劳的测量强调客观评价。四是表现形式不同。心理疲劳突出表现为无力并且不愿意维持，或者有力也不愿意维持，强调动机成分；生理疲劳突出表现为愿意但无力维持，强调体能成分。五是消除方法不同。心理疲劳主要采用转移注意指向、变换训练方式、设置短期目标、提供社会支持等方法控制；生理疲劳则主要采用休息、按摩、桑拿和营养等方法消除。

二、产生心理疲劳的因素

心理饱和是指长期从事单调、重复的活动，致使心理活动能力下降，产生各种消极情绪，心理上出现极度疲劳的现象。德国心理学家斯特指出，产生心理饱和的真正原因不是生理上的疲劳，而是心理上的疲劳。

（一）环境因素

环境因素的范围比较广泛，其中，管理制度不合理、管理环境封闭、团队成员之间的关系不和谐是产生心理疲劳的主要原因。运动员在激烈的比赛后，各种情绪状态都处于高度紧张状态，体内大量的能量被消耗掉，各个器官承受

较大的负荷,如果没有好的环境放松,就容易产生心理疲劳。有些教练员认为训练时间越长越好,带领运动员进行持久性训练,训练的形式和内容过于单调,容易引起心理疲劳。如果训练环境很差、训练器械陈旧,心理上会产生压抑情绪,训练的积极性有所降低,也容易产生心理疲劳。

(二)生理因素

在训练或比赛过程中,运动员如果出现身体疾病或发生运动损伤,生理机能就会下降,从而引发情绪低落、注意力分散、恐惧不安、心情烦躁、四肢乏力、行为缓慢等不良心理现象。如果这些生理失常症状不能及时调节,消极状态持续累积,到了某个临界点,很容易出现心理疲劳。运动员训练年限延长,在训练中付出的时间和精力不断增加,运动成绩却没有提高或者成绩提高不明显,产生过重的心理压力,会使训练热情降低,对训练感到厌烦,比赛或训练后不能及时进行心理恢复,也会出现心理疲劳。

(三)心理因素

运动员个体如果不适合自己的专项,训练中会出现挫折感、训练兴趣下降,出现忧郁心理,从而导致心理疲劳。运动员经常情绪低落、不稳定,容易导致注意力不集中、动作不连贯,如果不能及时调节,继续训练或比赛,容易出现心理疲劳。如果运动员缺乏个人交往,忧虑个人前途,缺乏教练的信任与支持,存在退役困扰或出路困扰,容易产生心理疲劳。研究表明,自我效能和比赛失误成反比,自我效能偏低的运动员,在训练和比赛中表现失常的概率较高,产生心理压力的概率增加,容易产生心理疲劳。

第二节 体育运动心理训练基础

一、心理训练的作用

在非比赛时,心理素质好坏是无形的、抽象的;而在比赛时,心理素质好坏却能明显地表现出来。心理训练的难度大、要求高,需要有计划、有意识、科学系统地进行训练,培养良好的心理素质需要长时间持续不断地进行训练。心理训练还要因人而异、区别对待,对不同性格、不同心理的运动员进行针对性训练。同时,心理训练也必须同技术训练、战术训练和身体训练相结合,互为一体、互相影响、共同促进。心理训练的作用体现在四个方面。

(一)有利于运动员提高竞赛成绩

心理素质不但对竞赛成绩有直接影响,还会影响体力、技术和战术水平发挥,进而影响竞赛成绩。系统的心理训练为自我认识与自我提高奠定了基础。通过心理训练使运动员的心理过程和个性心理特征得到完善和发展,达到参加运动训练与比赛的最佳心理状态,从而帮助运动员顺利地完成训练任务并取得优异成绩。

(二)促进运动员心理过程不断完善

人的心理过程包括认识过程、情感过程和意志过程等三个方面,极度紧张的训练与比赛对心理过程提出了更高要求。训练和比赛要求运动员具有精确的运动感知觉和清晰的运动表象能力,同时要求具有高度发展的思维敏捷性和灵活性,以及快速的运动反应能力,能够迅速分析对手的行动意图,并有效

解决战术任务;具有将注意力长时间集中于或迅速转移及分配到特定对象的能力。心理训练有利于克服训练和比赛中可能遇到的困难,控制运动中千变万化的情感体验,更好地参加训练和比赛。

(三)促进运动员个性心理特征良好发展

人的个性心理特征包括性格、气质、能力、动机和兴趣等方面。在运动训练极度紧张的条件下,动机、对训练比赛的兴趣、个人性格等是决定运动员行为最重要的个性心理特征。心理训练对运动员良好性格的形成产生影响,能够改善兴趣品质,并且可以发展或改变某些特征,促进运动训练所需的特殊能力形成。

(四)促进运动员训练和比赛的适宜心理状态形成

运动员的心理状态是最容易变化的心理结构,是运动训练心理机能的综合表现。运动员心理状态的特点和水平,对训练和比赛产生较大影响。心理训练有助于培养运动员心理过程的稳定性,发展在极端紧张活动时控制心理状态的能力,形成参加训练和比赛的适宜心理状态。

二、心理训练的内容

心理训练的内容很多,具体归纳为意志品质、心理耐力、心理适应能力和心理承受能力等四个方面。

(一)意志品质

意志品质是指一个人在行动中具有明确的目的,不屈从于周围人的压力,按照自己的信念、知识和行为方式进行行动的品质。受意志支配的行动叫意

志行动。意志品质是指构成人意志的诸因素的总和,一般包括意志自觉性、意志果断性、意志自制性和意志坚忍性。意志自觉性是指对行动的目的有深刻认识,能够自觉地支配自己的行动,使之服从于活动目的的品质;意志果断性是指一个人是否善于明辨是非,迅速而合理地采取决定和执行决定方面的意志品质;意志自制性是指能否善于控制和支配自己行动方面的意志品质;意志坚忍性是指在意志行动中能否坚持决定,百折不挠地克服困难和障碍,完成既定目的方面的意志品质。

(二)心理耐力

心理耐力训练是指经受长期而且持续的心理刺激时,心理方面不会受到严重损伤的一种心理训练内容。心理学研究表明,个体的心理耐力存在一个极限值,如果个体接受持久的心理刺激而没有得到及时缓解,心理刺激对于个人心理方面的损伤巨大。但是,人的心理耐力又具有很大的弹性空间,通过对运动员进行心理耐力训练,将耐力水平提高到适合比赛环境的标准,即相比于平常人的心理耐力要高出许多。由于运动员比赛时心理耐力极限被突破将产生严重后果,因此,需要科学地训练和发展运动员的心理耐力,在把握心理耐力规律的前提下进行训练。

(三)心理适应能力

心理学研究表明,人脑对刺激物的适应程度随着实践而变化。心理适应能力是指人随着环境改变,相应地改变自己的行为方式、心理状态和思维方式,以适应变化并与环境相和谐的能力。心理适应能力越强,遇到艰难困苦、复杂多变的比赛环境时,越能够保持临危不惧、从容应对,拥有良好的心态在这种环境下保持稳定、冷静。心理适应能力并不是个人天生固有,而是需要通过系统教育或特定训练逐步培养。通过对运动员进行心理训练,在日常训练

中加入心理刺激,改变大脑对原来事物的看法,控制甚至消除消极情绪,增强对新生事物的反应能力,避免由于不适应比赛环境出现紧张情绪而影响正常运动水平发挥。

(四)心理承受能力

心理承受能力是对外界环境各类刺激的承受能力。当运动员遭受强烈或突然性刺激时,产生紧张和恐惧等本能反应,个体注意力难以集中,影响正常能力发挥,甚至出现思维能力障碍、精神异常等严重心理问题,无法开展训练和比赛。因此,培养运动员的超常心理耐受能力具有重要意义。心理承受能力训练需要创造一种可以充分激发和体验个体内心绝望的情景状态,有利于运动员对应激进行系统脱敏,激发意志潜能,提升运动员在复杂比赛环境下的心理承受能力,形成造就临危不惧、从容应对、坚忍不拔和英勇顽强等良好心理品质。

第三节 目标设置训练

目标设置就是根据具体目标及其难度,在目标的激励之下,行为者向一定的方向努力,同时将自己的行为结果和目标相对照,并且及时调整并修正行为,以便实现目标并对目标的实现情况进行评价的过程。目标设置训练是运动员心理技能训练的一种有效方法,是现代竞技运动训练系统不可缺少的组成部分,直接影响运动员技术和战术水平提升,促进运动员心理过程不断完善,形成专项运动所需要的个性心理特征,获得高水平的心理能量储备,促进运动员适应心理状态训练和比赛要求,为达到最佳竞技状态并创造优异成绩奠定心理基础。

一、目标设置理论

目标设置训练是教练员和运动员必须掌握的心理训练技能,目标设置理论是强调设置目标会影响激励水平和工作绩效的理论,由美国学者洛克于1967 年提出。目标设置理论认为目标本身就具有激励作用,目标能把人的需要转变成动机,使人们的行为朝着一定方向努力,并把自己的行为结果与既定的目标相对照,及时进行调整和修正,从而实现目标。这种使需要转化为动机,再由动机支配行动以达成目标的过程就是目标激励。

(一) 目标反馈

反馈是指人接收到关于自己行为结果的全部信息。通常,目标与反馈结合起来更能提高绩效,目标给人指出应达到什么样的目的或结果,同时也是个体评价绩效的标准;反馈则告诉人这些标准满足得怎么样,哪些地方做得好,哪些地方还有待于改进。反馈是组织常用的激励策略和行为矫正手段。反馈的类型很多,其中能力反馈应用最广,是指由他人提供的关于个体在某项活动上是否达到了特定标准的信息。能力反馈又分为正反馈和负反馈,正反馈是指个体达到某项标准得到的反馈,负反馈是个体没有达到某项标准得到的反馈。反馈的表达包括信息方式和控制方式,信息方式反馈不强调外界的要求和限制,仅告诉被试任务完成情况;控制方式反馈则强调外界的要求和期望,告诉被试必须达到什么样的标准和水平。

(二) 目标承诺

目标承诺是指个体要达到目标的决心,是个体被目标所吸引,认为目标重要,持之以恒地为达到目标而努力的程度。研究发现,当人认为目标能够达到

而且达到目标又具有重要意义,对目标的承诺就加强,进而增强自我效能感。不管目标由本人制定还是他人制定,如果公开承诺要达到某个目标,如果有强烈的成就需要,如果认为能够控制那些有助于达到目标的活动,那么对目标的承诺水平就比较高。最有力的目标承诺是为实现目标而采取的行动,这反映了个体在采取行动之前对目标的价值判断与选择。目标承诺既可以作为直接的影响因素,也可以作为目标效果的调节因素。当目标难度保持不变时,承诺就会起作用。当目标很高时,高承诺会带来更好的绩效而不是低投入。另一方面,高承诺可能会限制绩效,因为有责任心的人不轻易提高目标,而未承诺的人可能会设定更高的目标。

(三)自我效能感

自我效能是由班杜拉提出的一个心理概念,指人能否实现特定行为目标的自我认知,以个体对能力、经验、过去绩效、与任务目标的相关信息等多种资源的感知作为评估基础。当对某个任务的自我效能感强时,对目标的承诺就会提升。这是因为高自我效能感有助于个体长期坚持在某一项活动上,尤其是当这项活动需要克服困难、战胜阻碍时,高自我效能感的人比低自我效能感的人坚持努力的时间要长。目标影响自我效能感的另一个方面是目标设定难度。当目标太难时,个体很难实现,这时的自我评价可能比较低,而一再失败更会削弱一个人的自我效能感。目标根据重要性可以分为中心目标和边缘目标,中心目标是很重要的目标,边缘目标就是不太重要的目标,完成中心目标任务能够增强自我效能感。

(四)任务策略

目标用以判断是否达成预期标准,引导人的行为,并影响人对于目标的承诺,即影响人为了实现目标而努力的持久性。但是,目标对个体造成影响的这

些方面,并不足以使人们达成目标,任务策略作为影响目标达成的重要因素,影响目标实现。任务策略即解决方案,也可以理解为达成目标所需要的策略或方法。当个体面对一项难度极高的任务时,对目标的承诺和自我效能感将使其延长坚持努力的时间。即使个体的努力程度再高,如果没有达到目标的有效办法也是徒劳,这时就需要任务策略。适当的任务策略是达成目标的关键,较为复杂、难度较高的任务,其策略的复杂程度也会随之提高,选择任务策略的难度也会因此增大。如果任务策略选择错误,可能导致目标任务不能达成。

二、目标设置训练模式

目标设置训练包括兰瑟姆和齐默曼两种模式,兰瑟姆模式中目标设置理论的各种影响因素都得到强调,注重目标的激励作用,属于狭义的目标设置训练模式;齐默曼模式更强调目标的元认知作用,包括自我评价、目标设置和策略选择,还包括目标和策略的执行监控,以及对结果的监控和评价,是一种广义的目标设置训练模式,本质上是自我调节的训练模式。

(一)狭义的目标设置训练模式

兰瑟姆模式把目标设置和目标重要性、目标承诺和任务复杂性都考虑进去,共分为六个步骤进行训练,第一步,展开定向讨论,说明训练项目原则;第二步,要求受训者列出问题原因;第三步,对解决问题的具体目标进行关注;第四步,向受训者解读怎样用图表的方式对训练进行监控;第五步,受训者根据自己达到近期目标情况自我奖励;第六步,受训者制定行为契约,并且规定要达到的具体目标以及达到目标的时间表,明确达到目标的具体行为和达不到目标的后果。

(二)广义的目标设置训练模式

齐默曼模式共分为四个步骤进行训练,第一步,受训者准确评价自己在某一任务上的水平,可以根据自我表现记录和自我评价以及教练和同伴的反馈来进行;第二步,受训者对自身情况和任务进行分析,然后设定目标、制定计划并选择策略;第三步,受训者执行训练计划,监控训练策略,保证目标实现;第四步,受训者监控自己使用的训练策略是否有效,并且评价自己的预定目标和行动计划是否得到实现。接着根据自身情况开始进行新一轮的自我调节训练过程。

三、处理好四种目标的关系

(一)长期目标与短期目标

运动训练的最终目标(长期目标)是获取冠军或实现理想。这种希望和梦想激励着运动员努力学习、刻苦训练,实现希望和梦想需要切实可行的计划和目标。相对而言,运动训练更注重中期和短期训练目标,因为枯燥单一的运动训练,清晰的长期目标转化为短期目标的过程,才能让运动员维持高昂的斗志和自信心。对运动员而言,每当实现一个小目标时就可以看到取得的进步,看到努力所得到的回报,并激发运动员不断克服困难,产生实现下一个小目标的欲望。教练员必须做好计划,对每个运动员的训练和比赛有详细记录,包括每阶段的力量、速度和耐力等全面的素质进展情况,以及下一步要达到的目标设置,并将记录反馈给运动员,以此激励他们积极进取。

(二)具体目标与模糊目标

明确、清晰、可进行数量分析的目标是具体目标,对于激发运动员的动机最有效;模棱两可、无法进行数量分析的目标是模糊目标,激发动机的作用有限。每年、每阶段、每周的训练,对数量和强度都要有具体规定。以下肢力量训练为例,不能总是模糊地从开始到结束,只强调训练尽最大努力,效果远不如定量指标更有效。比如,下肢力量素质训练,上一次训练半蹲200kg,3 次2 组;下一次应在强度或次数上有所增加。这样设置具体、可测量的目标,比仅仅设置模糊目标能够产生更好的效果。另外,具体目标还有助于结果分析,有助于定量检验目标是否达成,是否起到促进动机的作用。对教练员而言,"争取为上一级输送更好的体育人才"的模糊目标,远不如"每年输送率保持在10%以上"的具体目标更具有激励性。

(三)现实目标与不现实目标

现实目标是指经过艰苦努力可以实现的目标,不现实目标是指无论多么努力都不可能实现的目标。富于挑战性但经过努力可以实现的现实目标,对于激发动机更有效。相反,超越现实可能性的过高目标,使运动员产生挫折感、怀疑自己,甚至放弃努力,不利于激发运动活力,也不利于挖掘运动潜力。现实目标又可分为容易目标和困难目标。当面对某一目标时,运动员是否主动挑战、全力以赴,取决于自我效能感。自我效能感高的人,愿意选择超过自己行为能力的目标,愿意付出代价,这类人心理素质较好,努力程度、自信心、训练情绪和身体能力等方面都强于他人,面对困难时勇于坚持,抗挫折能力强,最终必然取得成功。自我效能感低的人,总是选择力所能及或难度较小的目标,避免挑战超过胜任能力的目标,当遇到体能、技术或战术方面的困难时,对胜任能力产生怀疑,甚至放弃努力。

(四) 自我比较目标与他人比较目标

自我比较目标是指以个人表现的提高为关注重点的目标。比如,这次比赛争取提高个人纪录 2cm。他人比较目标是指以击败他人为关注重点的目标。比如,这次比赛要进入前 3 名。他人比较目标应是在知己知彼的情况下进行设定。对运动员而言,制定自我比较目标更有利于提高训练和比赛成绩。为此,教练员应对运动员进行明确的归因分析,要求运动员认真对待训练和比赛,让运动员不断地为自我目标去努力奋斗。同时,让队员认清自身的主观和客观条件,不要刻意规定指标,做到运动场上以我为主、努力拼搏。

第四节　放松技能训练

放松训练又称放松疗法,是一种通过机体的主动放松来增强对机体自我控制能力的有效方法。中国的气功、印度的瑜伽、日本的坐禅,以及 21 世纪西方开始兴起的放松训练等,都属于放松疗法,在安静的环境中按照一定的要求完成某种特定的动作程序,通过反复练习,使人学会有意识地控制自身的心理生理活动,以降低机体唤醒水平,增强适应能力,调整那些因紧张所造成紊乱的心理生理功能。实践证明,放松训练不仅对一般的精神紧张和焦虑等有显著疗效,而且也适用于各种身心疾病康复。放松训练具有良好的抗应激效果,能够提升机体对外界致病因素的抵抗力。在放松状态下可出现血压下降、呼吸频率及心率减慢、全身肌肉张力下降,并有四肢温暖、头脑清醒、心情轻松愉快和全身舒适的感觉。

运动员在比赛和训练中要承受巨大的身体负荷和心理负荷,大多数教练员和运动员经常使用按摩和理疗等方法进行放松,这样只能对机体进行主动

和被动的机械性恢复,不能对中枢神经系统产生直接影响,只能让中枢神经系统有所改善。采用有效的放松疗法有助于从根本上消除疲劳,具体作用包括两个方面:一是舒缓神经系统的亢奋状态。运动训练的目的是超量恢复,而达到这一目的的前提是训练刺激引起机体疲劳。肌肉疲劳会造成代谢产物堆积,刺激神经末梢,不断地传入神经冲动,使肌肉对应的大脑皮层相应疲劳。通过语言诱导使局部大脑皮层兴奋,诱发中枢神经,使本来处于亢奋的大脑皮层逐渐出现抑制放松。二是加快肌肉系统疲劳消除。由于中枢的易化作用,使中枢下行的神经冲动频率和神经冲动总量减少,运动后紧张的肌肉组织细胞内外的离子交换速度减慢,电变化活动减弱,肌肉紧张逐渐缓解。缓解后的肌肉组织代谢产物的活动空间将扩大,血液回流速度将加快,恢复速度也将加快。

一、渐进放松训练法

渐进性肌肉放松作为一种放松疗法,主要是通过有意识地按一定的顺序逐步绷紧和放松全身各部分肌肉,同时有意识地感受身体的松紧、轻重和冷暖程度,体验到紧张和放松的不同感觉,从而更好地认识紧张反应,掌握主动松弛过程,诱导人体进入松弛状态,降低运动系统功能,提高营养性系统功能,降低应激水平,减轻负面情绪,改善生理功能,达到提高生活质量的效果。渐进放松训练不仅能够影响肌肉骨骼系统,还能使大脑皮层处于较低唤醒水平,并且能够对身体各个器官的功能起到调解作用。渐进放松方法简单易行,无副作用,不需要专门仪器,可以随时随地进行。

(一)渐进放松训练原理

渐进性肌肉放松建立在交互抑制的理论基础之上,交互抑制理论认为,情

绪状态与肌肉活动之间通过神经系统的作用而相互影响,情绪紧张则肌肉绷紧,绷紧的肌肉反之导致情绪紧张,全身肌肉放松能减轻焦虑。

雅各布森(Edmund Jacobson)于1938年提出,通过教会患者逐步收缩和舒张骨骼肌的肌群,以身体松弛达到心理松弛的效果。雅各布森在《渐进性放松》中描述了一种使肌肉逐渐放松的自我训练技术,称为渐进性松弛训练,这种训练涉及60组肌肉,要求个体首先收紧某一部位肌肉,接着放松,学会体验肌肉紧张和松弛两种状态在感觉上的差别,然后逐步加深松弛程度,直至能自如地放松全身肌肉。

精神病学家沃尔普(Joseph Wolpe)改进了这种方法,建立了系统性脱敏治疗方法,在焦虑症和恐惧症的治疗中取得了满意效果。哈佛心脏病专家本斯屯等发表了渐进性放松训练治疗手册,进一步简化了渐进性肌肉放松技术,只集中训练16组肌肉,并且第一个将放松训练用于临床病例。将此方法用于心脏病患者,可以降低氧耗量、减慢呼吸频率和心率、降低肌肉紧张度,并使血压趋于正常。

(二)渐进放松训练步骤

渐进式肌肉放松训练主要包括两个步骤:收紧肌肉群与放松肌肉群。首先,逐步收缩特定肌肉群的肌肉,比如,颈部肌肉或是肩部肌肉。接着,再放松这些肌肉群的肌肉,并且放松肌肉的同时,留意肌肉的变化过程。

具体做法为:找一处比较安静的场所,先使肌肉紧张,保持5~7秒,注意肌肉紧张时产生的感觉,接着使紧张的肌肉彻底放松,并细心体察放松时肌肉的感觉。每部分肌肉一张一弛做两遍,再对那些感到未彻底放松的肌肉依照上述方法重复训练。当某一部分肌肉训练时,尽量保持其他肌肉放松。

放松顺序为:优势的手、前臂和肱二头肌;非优势的手、前臂和肱二头肌;前额、眼、颈和咽喉部(双臂向前,双臂向后,耸肩);肩背部,胸,腹,臀部,大腿,

小腿(脚尖向上,脚尖向下),脚(内收外展)。具体放松步骤:握紧拳头—放松;伸展五指—放松;收紧二头肌—放松;收紧三头肌—放松;耸肩向后—放松;提肩向前—放松;肩部平直转头向右—放松;保持肩部平直转头向左—放松;屈颈使下颏触到胸部—放松;尽力张大嘴巴—放松;闭口咬紧牙关—放松;尽可能地伸长舌头—放松;尽可能地卷起舌头—放松;舌头用力抵住上腭—放松;舌头用力抵住下腭—放松;用力张大眼睛—放松;紧闭双眼—放松;尽可能地深吸一口气—放松;肩胛抵住椅子,拱背—放松;收紧臀部肌肉—放松;臀部肌肉用力抵住椅子—放松;伸腿并抬高 15~20 厘米—放松;尽可能地绷紧腹部并挺腹—放松;伸直双腿足趾上翘背屈—放松;足趾伸直趾屈—放松;屈趾—放松,翘趾—放松。

二、呼吸放松训练法

呼吸放松训练指将节律的呼吸与放松运动相结合,通过手臂和肩部的运动带动肋间肌群运动,使这些肌群甚至全身得到放松,从而促进呼吸系统功能提高。呼吸训练是中国传统养生学中常用的放松方法,也称调息训练,即有意识地延长吸、呼气时间,以腹式呼吸为主进行慢的、深的、有规律的呼吸,实现自我调节。呼吸放松训练是在体育运动中进行心理训练的具体手段之一,是有意识、系统地训练肌肉动作逐步达到松弛,并使呼吸减缓,目的在于通过人工的呼吸放松训练,获得控制身心活动强度的能力。呼吸放松可以帮助人们减轻压力、平稳情绪,长期练习有助于心理健康和身体健康。

(一)呼吸放松训练的机理

人的情绪影响呼吸模式,同时呼吸模式也对情绪产生影响。在应激或焦虑情况下,人常常屏住呼吸,而当感到紧张和焦虑时,则趋向于浅和快的呼吸,

导致血液中氧和二氧化碳含量减少。二氧化碳含量的减少与浅快的呼吸进一步增加焦虑水平。另外,脑及血液中二氧化碳含量的减少可引起慌乱,注意力难以集中,理解困难及其他的认知障碍。呼吸放松训练可以改善机体神经内分泌系统功能,使练习者身心处于一种良好的平衡状况。

(1)神经系统对生理的调控。神经系统的主要功能是控制和调节各种器官系统活动,从而使人体成为统一整体。同时,通过对神经系统的分析与整合,机体通过响应环境变化的刺激来实现与环境相统一。其中,自主神经系统是无意识地调节身体功能的控制系统,主要控制应激反应,包括有交感神经和副交感神经。交感神经产生应激作用,使身体处于紧张活动状态,表现为瞳孔扩张、心率增加或血压增加等特征;副交感神经的作用与交感神经相反,主要维持安静时间的生理需要。

(2)呼吸对神经系统的作用。自主神经通过控制身体应激反应,调节生理机能稳定,实时地影响着个体的心理和情绪活动。而自主神经作为神经系统中唯一的无意识神经,生命体的呼吸活动直接影响着自主神经的调控作用。很多学者研究呼吸训练对自主神经的影响和对个体心理、情绪的干预。呼吸放松的机理主要是个体通过呼吸放松训练,可以逐步达到有意识地进行呼吸活动,进而可以控制自主神经,抑制交感神经兴奋,协助副交感神经平衡机体稳定,缓解紧张,使得身心保持放松。长期的呼吸训练有益于消除身心疲劳,增强情绪调节能力,预防心理亚健康。

(二)呼吸放松训练的常用方法

呼吸放松训练的方法很多,基本方法包括腹式呼吸训练法、缩唇呼吸训练法、对抗阻力呼吸训练法、吸气末停顿呼吸训练法、深呼吸训练法和全身性呼吸体操等。其中,常用方法包括腹式呼吸训练法、缩唇呼吸训练法和深呼吸训练法。

（1）腹式呼吸训练法。正确地训练腹式呼吸包括三个要点：一是选择合适体位，站立位时要保证上半身竖直，双肩放松，双脚分开与髋部同宽，使体重均匀分布于双脚；坐立位时要让上半身直立，双腿弯曲自然下垂，保证小腿与地面垂直，双手放在大腿上，仰卧位时要平躺在床上，上臂自然伸直。二是闭嘴经鼻腔吸气，将左右手分别放在上腹和前胸以感受呼吸，然后放松胸壁和辅助呼吸肌，慢而深地经鼻吸气，再进行缩唇呼气。深吸气末屏住呼吸 3~10 秒钟，让腹部隆起维持腹肌紧张状态，再张嘴缓慢呼气，通常要求吸气和呼气的时间比为 1：2 或 1：3。三是呼气，腹部自然凹进，向内朝脊柱方向收，胸部保持不动。呼气时应用腹肌收缩推动膈肌上移，把所有废气从肺部呼出去。循环往复，保持每一次呼吸的节奏一致，呼吸期间保持胸廓的最小活动幅度或者是不动。掌握半卧位，或者是卧位的腹式呼吸锻炼方法以后，可应用于坐位，前倾位或者是立位式的膈式呼吸。

（2）缩唇呼吸训练法。缩唇式呼吸训练方法是一种有助于提高肺活量和呼吸控制能力的呼吸训练方法。进行缩唇式呼吸训练时，要保持坐姿或站立，放松身体，保持舒适姿势。嘴唇微微收缩，将嘴唇闭合，留出一个小缝隙。慢慢深吸气，将气息吸入腹部和胸部，同时感觉唇部的轻微阻力。在吸气后，保持呼吸 1~2 秒钟，然后慢慢呼出气息，感觉唇部的阻力。重复以上步骤，每次进行 10~20 次呼吸练习。需要注意的是，进行缩唇式呼吸训练时，要保持呼吸平稳、舒适，不要过度用力或者屏住呼吸。可以根据自己的肺活量和呼吸能力逐渐增加训练强度和次数，也要注意不要过度疲劳和不适。缩唇式呼吸训练可以帮助提高肺活量和呼吸控制能力，对于患有哮喘、肺气肿等呼吸系统疾病的人群也有一定辅助作用。

（3）深呼吸训练法。深呼吸是一种非常简单的放松技术，不需要使用任何仪器设备，在各种情形下均可自行练习。主要掌握身心放松、姿势正确和慢速呼吸三个动作要领。一是身心放松，深呼吸放松训练适用于压力较大时，减压

效果比较明显,训练时选择安静的环境,吸气时注意身心放松,不要想工作、生活当中的压力,忘记烦恼,专注地进行深呼吸。二是姿势正确,深呼吸放松训练时需要保持正确姿势,可以躺下、站着或者坐直进行深呼吸训练,点头哈腰、身体弯曲的不良姿势,会让深呼吸训练效果大打折扣,正确和放松的深呼吸可以消除身体的紧张感。三是慢速呼吸,深呼吸放松训练要慢慢练,可以感受到气息从鼻腔到喉部后充分集中在肺部,当肺部感到膨胀时慢慢把气呼出,尽量排出肺内气体。

三、生物反馈放松训练法

生物反馈放松训练法是利用现代生理科学仪器,通过人体内生理或病理信息的自身反馈,使患者经过特殊训练后,进行有意识的"意念"控制和心理训练,从而消除病理过程、恢复身心健康的新型心理治疗方法。

(一) 生物反馈技术

生物反馈是借助电子仪器,将体内一般不能被人感知的生理活动变化信息,包括肌电、皮肤电、皮肤湿度、血管容积、心率和血压等进行记录,放大并转换成为能被人理解的听觉或视觉信号,通过对这些信号的认识和体验,学会在一定程度上有意识地控制自身生理活动的过程。生物反馈疗法就是个体运用生物反馈技术,控制和调节不正常的生理反应,达到调整机体功能和防病治病目的的心理疗法。生物反馈疗法是一种通过内脏学习来改变不当生理反应的认知行为疗法。

早在20世纪20年代,美国学者雅各布森就创立了用肌电仪监测患者肌电活动,让患者通过观察肌电活动变化,了解自己肌肉收缩和舒张程度,使患者全身肌肉达到高度松弛状态以治疗疾病。这种把肌电测量与放松治疗相结

合的方法是生物反馈的雏形。生物反馈治疗创立于 20 世纪 60 年代,是放松疗法与生物反馈技术的结合,实际上是一种通过自我暗示与自我催眠的手段,达到自我调节内脏活动及其功能的疗法。

生物反馈由于能够改变人在应激时反应的方式,所以能起到缓解紧张刺激的作用。通过生物反馈训练,人可以学会对内脏器官活动的随意控制,使其在应激刺激下,不出现紧张性反应,或者减弱反应强度。又由于这些反应受到大脑皮层的下丘脑控制,所以器官紧张性反应的改变,实际上表明了大脑皮层的认知作用和下丘脑的中介作用也都发生改变。也就是说,生物反馈训练是通过影响整个应激系统而发挥抗应激的作用,因此比较有效。

(二)生物反馈放松训练法

传统的放松训练方法可以使机体产生心理、生理和生化等方面的变化,对于改善身心健康,治疗与应激有关的各种疾病都有明显效果。传统放松训练的目的主要是调整大脑皮层与内脏器官功能,特别是调整自主神经系统功能。这种调整的效果仅仅是根据被训练者主观经历的感受,不能用一套客观标准去衡量,因此,难以确知机体功能失调的情况以及放松调整程度。特别是那些自我控制能力表现较差的患者,或者对于放松训练疗法有疑惑感或神秘感的患者,进行放松训练的难度就更大,很难达到完全放松状态。

将生物反馈技术应用于放松训练,可以使被训练者通过听觉或视觉的反馈信息,了解到自体生理功能的变化,通过自己的头脑来有意识调节生理功能。仪器通过生物医学信号图谱、对这些指标的评价以及声光等反馈信号,向被训练者提供与自身器官活动以及情绪和思维等密切相关的信息,使被训练者随时了解自己在一般状态、放松状态和不同程度紧张状态时的呼吸、皮温、皮电、心率和肌电等生理参数变化,从而了解自体生理活动,而且还通过仪器监测,知道自己学会了什么。一般情况下,仪器反映出的信息比自己想象和感

觉的信息更多。有了客观标准,就可以寻求放松策略,通过对放松训练前后结果对比,判断放松训练是否得当,方向是否正确,从而克服训练的盲目性。

放松技能训练仪对生理活动信息不同档次的放大倍数,可以引导被训练者控制能力不断提高,更快进入低唤醒状态。反馈信息可以鼓舞训练者,调动其积极性,特别是对于那些自我控制能力较差或者对放松训练方法有疑惑感和神秘感的患者,更具有重要作用。经验证明,使用放松技能训练仪可以显著地加快训练进程,一般用2至3个月时间就能够达到传统训练方法一年才能达到的效果。

生物反馈用于放松训练,由于能够提供人体心理和生理变化的客观指标,使放松程度有了依据,从而提高放松效果。但是,仅仅采用生物反馈技术进行放松,而没有相应的放松方法和指导语的引导,则难以使受训练者思想专一,难以使其意念从周围环境转向体内,难以使自体的各部位有节奏地得到放松,还会造成对仪器的依赖,产生离开仪器就不能放松训练的局面。大量实验表明,只用生物反馈的放松效果,远远不如与传统放松训练方法联合应用效果更好。因此,必须使生物反馈这个现代技术与传统的放松训练方法相结合,才能相辅相成,取得最好的放松效果。

第五节 表象技能训练

表象训练作为一种相对独立的心理训练方法,不仅被广泛应用于运动实践中,在一些其他的心理训练和心理干预之中也被作为主要内容。在国外运动心理中,表象训练基本已经成为心理训练的代名词,心理训练与表象训练常被交替使用。在国内运动心理学界大多认为表象训练是心理训练的一种,而不将二者等同。

一、表象技能训练的概念

表象是人脑对过去感知过的事物形象的反映。表象不同于想象，想象是大脑对过去发生的事物再加工而形成的表象，心理学中认为表象是对已经发生过的事情在头脑中再次回忆和重现的过程，是以人体感知觉为基础而建立的表象。表象根据作用于不同的感觉器官分为动觉表象和视觉表象，动觉表象是人体躯体感觉器官感知过的肌肉动作在头脑中重现的动作行为；视觉表象是通过眼睛直观感受刺激传入到大脑中的印象。表象按所操作的视角不同分为内部表象和外部表象，内部表象是指从被表象者的视觉角度进行表象操作，以内部知觉为基础，能够感受到自己的操作活动，不能看到身体外部变化；外部表象是指可以全方位审视自己的技术动作，就如同使用录像机回放来观看自己的操作表现。

表象训练法是在暗示语的指导下，在头脑中反复想象某种运动动作或运动情境，从而提高运动技能和情绪控制能力的方法。在表象训练的理论与实践中，表象训练也被称作"视觉化"训练、意象演练或想象训练等。简而言之，表象训练以表象为内容，作为一种相对独立的心理训练方法被广泛地应用于运动实践中，而且在其他一些心理训练和心理干预方法中也常以表象训练为主要内容。比如，在理查·休因的视动行为演练法、心理学家玛格丽特·辛格的五步策略等被实践证明行之有效的方法中，表象训练都是必不可少的重要内容。

表象是一种内隐反映，即再现曾经感知过的有关刺激映像。表象是不需要外部刺激直接参与人脑对过去一切感觉的反映，是指有意识地、积极地利用自己头脑中已经形成的运动表象进行回顾、重复、修正、发展和创造自己的动作。理查·休因最先提出了"表象训练"一词，他在《想象——现在的理论与

应用》中指出,表象训练是运用全部的感知觉对大脑中原有的经验进行重组、再造,即运用所有关于身体运动相适宜的感知觉,包括视听觉、动知觉和味嗅觉等,还包括与身心经历相关的情绪或心境,在大脑里多次重组创造,回忆以前的动作经历,缔造新的想象或意境。

表象训练的主要特点是对技术图像的记忆,使技术主体重新出现在图像中,也就是常说的"过电影",并在未来的研究中,对记忆中的运动画面或场景多次记忆,达到技术操练的目的。在此基础上,逐步分析动作的含义,加强对技术的了解,这是一种看不到的外在形式,需要大脑的意志来调控和加深动作印象,是具有较好效果的特殊形式训练。运动的表象练习,普遍应用于动作学习的初始阶段,尤其是初次学习技术的人。表象训练是心理生理训练的一个分支,强调活动的不同表现形式在大脑中形成技术概念,提高兴趣和效率。

二、表象技能训练的作用

(一)有利于练习者唤醒身体机能

表象训练作为一种以心理训练为手段的训练模式,有助于机体在练习或比赛时提前进入状态,提高兴奋性,减少运动员对训练或者比赛的焦虑和紧张情绪。正式比赛前进行表象训练,通过回忆技术动作,可以无意识地激发身体惰性,赛前经历完美的技术感觉整合,使运动员内心深入唤醒出清晰的成功感觉;在模仿练习时,从单一动作到复杂动作,从技术动作的分解到动作技术的连贯,有助于唤醒身体各方面机能,调动所有相关的运动感觉,起到热身作用,增强运动员竞技比赛获得胜利的信心。

(二)有利于练习者掌握训练反馈信息

在中低强度的体育训练或是教练员没有及时发现动作缺点时,练习者可以将技术动作的训练和掌握情况,与之前在表象训练时脑海里记忆的动作相对比,临时调整动作技术,使动作技术轨迹更加标准化、规范化,不仅有助于提升练习者对体育技术动作的学习能力,也能使练习者根据自身的训练反馈信息做出相应改变。尼克劳斯是著名的高尔夫球运动员,根据他的描述,通过建立正确的表象和想象,在训练和比赛中脑海里就会建立清晰的过程,就像回忆一场电影一样,对技术提高和临场控制能力具有很大帮助。

(三)有利于练习者身体机能恢复

在中高强度的体育专项练习或长时间训练中,身体由于疲劳导致机能水平逐渐下降。疲劳如果不能及时消除,对练习者会造成一定程度身体上的伤害,严重时可能导致疾病,不利于运动员的技术提升和身体健康。科学的训练必须以充分恢复作为保障,表象训练可以在运动员训练或者是比赛结束后,运用心理自我暗示、自我放松,辅助其他一些放松方法,有效地消除疲劳,使机体快速恢复,甚至出现超量恢复,以便下次更好训练或比赛。身体机能恢复措施有些是积极的,有些是消极的,消极性的恢复措施不利于运动训练,积极性的恢复措施可以更快地消除疲劳,防止疲劳累积,尤其是预防运动员过度疲劳,表象训练就是一种积极的身体机能恢复措施。

三、表象技能训练的计划与实施

(一)运动员个人因素

运动员个性的心理特征、表象训练的认知水平、表象能力、实施表象训练

的动机、阶段心理状态、专项训练比赛经历、运动技术水平与专项认知水平、阶段训练任务与动机、阶段训练状态等因素,都对有效实施表象训练产生影响。因此,制定表象训练计划时,必须充分考虑个人因素制定个体化的训练计划。在实施过程中,还要随时观测表象训练的质量和效果、未预期的影响因素,及时修正计划以保障训练有效进行。尽量避免千篇一律、一成不变的僵化教条式表象训练,不能为了表象而表象,要充分考虑实施表象训练的个人心理条件和环境条件。另外,正式实施系统的表象训练前,还要做好各种准备工作,包括个人的表象训练能力、表象训练认知水平、表象训练动机,选择合适的表象训练时机,创造必要的表象训练环境,建立个体化的表象训练模式。

(二)专项训练的需要

制定实施表象训练计划时,必须充分结合专项训练的需要,即表象训练专项化。专项训练需要从以下三个方面考虑:一是不同运动项目采用不同的表象训练方法。比如,射击项目主要实施动作一致性、稳定性和准确性等表象训练;柔道等开放性技能项目主要实施动作合理性、整体性、连贯性和应变能力等表象训练。二是专项训练不同阶段采用不同的表象训练方法。比如,年轻运动员学习技术阶段或老队员技术巩固与完善阶段,首先使用表象运动技能训练;当获得必需的运动技能后,训练重点开始转向对比赛压力的准备;在竞赛阶段要充分利用表象的动机功能,包括调节唤醒水平和保持自信等。三是结合专项阶段训练内容和任务的需要进行表象训练。比如,一般力量向专项力量训练转化的表象训练、技术环节表象训练、技术整合表象训练、实战条件下技术应用能力表象训练、虚拟比赛场景提高技术训练强度的表象训练、虚拟对手提高技术训练针对性的表象训练等。

(三)适用方法的选择

制定表象训练计划时,需要根据不同训练目的选择不同的训练方法。比如,技术训练采用特定动作技术的表象训练方法;战术训练采用与竞技比赛相关的表象训练方法;提高自我效能、自信心、努力程度与动机水平,采用能够有效处理与控制具有挑战性情境的表象训练方法;比赛中紧张和焦虑等情绪调节,采用与运动竞赛有关的各种感受的表象训练方法。另外,在实施表象训练计划时,要考虑不同训练和比赛环境下,训练方法的选择和应用以及表象能力培养。在选择应用表象训练方法时,还要考虑不同方法手段的综合应用,实施针对性与多样化相结合的表象训练,提高表象训练的质量和效果。比如,技术表象训练时,可以把表象训练与观看技术录像相结合,条件允许时还可以结合生物反馈方法实施立体化表象训练。

(四)训练负荷与节奏把握

作为一种心理技能训练方法,表象训练如同其他素质训练一样,需要系统的训练计划,除了包括训练方法外,还要包括负荷量与强度、负荷周期、负荷节奏等构成要素。影响表象训练质量与效果的因素除了方法,负荷与节奏的把握同样重要。没有一定的负荷量和强度积累,难以产生理想的训练效果。过度的负荷或单调的方法与节奏,容易产生心理疲劳,影响训练效果。常规的各种身体训练方法负荷量、强度与训练效果的监控评价方法比较成熟,但表象训练负荷与效果的评价方法还不成熟,这也是困扰心理学工作者和教练员的主要问题,同时也是导致表象训练研究与实施效果不佳的原因之一。表象训练负荷与节奏的标准制定,需要在遵循个体化、专项化和针对性的前提下,既要保障产生有效的训练效应,还要尽量避免产生心理疲劳。

(五)训练过程质量控制

实施表象训练过程中,需要树立追求训练质量最优化意识,采取各种综合措施建立有效的训练过程质量控制体系。质量控制体系应包括:运动员个体特征诊断、训练方法选择、专项训练评估、训练计划制定、训练过程质量控制、训练负荷把握、训练效果与质量综合评价、评价信息反馈与计划修正、质量保障综合措施等。

第六节　应激控制训练

应激又称压力,是个体面临或察觉到外界刺激对机体有威胁或挑战性时所做出的一系列适应或应对性反应。应激过程包括应激源、对威胁的知觉和评价、状态焦虑。客观要求即应激源,是指具备一定程度的身体危险或心理危险的情境;威胁指一个人对可能危险并造成伤害情境的知觉或评价;状态焦虑是一种短暂的情绪状态,以恐惧、害怕与紧张为特点,状态焦虑是伴有心理唤醒的恐惧与紧张敏锐的情绪。适度的应激可以增强机体在面对威胁时的准备状态,提升个体对内外环境变化的适应和生存能力。但是,如果持续时间过长,刺激反应过于激烈,就会对机体健康造成损害。应激控制训练也称为"认知—情感控制应激训练",由美国心理学者史密斯于1980年首先提出,是一种主动减少个体焦虑情绪的控制技术。应激控制对运动员比赛正常发挥起着非常重要的作用,具体表现为以下几个方面:有效地控制机体紧张程度,保持一定的激活水平,适应环境能力提高,树立成功信心,学会积极思维,提高其他心理技能的协同作用。

一、紧张应激表现

紧张应激是运动员处于压力环境下产生的不愉快情绪状态及相应的身心反应。从生理上来看,紧张应激主要表现为心率加快、血压升高、汗腺分泌增加、呼吸短促、瞳孔放大、皮肤血流量减少、肾上腺素分泌增加、肌紧张增加和尿频等现象。从心理上来看,紧张应激主要表现为忧虑不安、优柔寡断、感到忙乱、无所适从、注意力不集中、注意分配和转移能力下降、自我控制感减弱和心理能量降低等现象。运动员出现紧张应激时行为表现为皱眉、咬指头、打哈欠、精神不集中、声音不连贯、浑身发抖、手足不自主和肌肉痉挛等现象。造成运动员紧张应激的主要是环境、认知和唤醒等方面原因,表现形式有两种:

(1)外部环境—消极思维—唤醒—紧张应激。这种形式的紧张应激,消极思维产生在唤醒之前,先有消极思维,然后才出现生理唤醒。当运动员与实力强的对手比赛时,如果没有取胜把握,将无功而返,就会导致生理唤醒升高、心跳加快、膝关节颤抖、肌肉紧张、平衡能力下降、动作稳定性下降,出现紧张应激。

(2)外部环境—唤醒—消极思维—紧张应激。这种形式的紧张应激是对环境刺激的一种反射性反应,运动员认知是刺激的中介。例如,当比赛中出现吼叫声、呐喊声时,如果采用积极思维,则认为"每个运动员参赛条件都一样,我平时进行过这种针对性训练,不会干扰我参赛,不会影响我竞技水平正常发挥"。但是,如果运动员采用消极思维,则认为"糟了,我最怕比赛时有各种声音干扰,上次失误就是由于有这些声音"。这样想,就会导致紧张应激。

二、应激控制训练内容

应激控制训练包括三个阶段:一是理解应激反应,并将自己的应激体验加以概括化;二是学习应对应激的心理技能,包括学习放松技术,加强深呼吸促进放松;三是在应激情境中实际运用控制应激技术。在第三阶段,应激情境中体验到被诱发的一种高唤醒水平的情绪反应,要求运动员想象某种应激情境,并集中注意去感受,提高唤醒水平,以形成强烈的情绪反应。

(一)环境应激控制训练

环境应激控制训练包括三方面内容:一是减少环境的不确定性。赛前让运动员明确训练条件与要求、可能出现的问题与处理方法;明确比赛时间、地点、场次,以及应该达到的标准和注意事项。教练员的态度要前后一致,语气平和肯定,恰当地表达对运动员的期望,让运动员心里有数。二是降低环境的重要性。不要明确规定运动员的参赛名次及成绩指标,应该正确解释训练与比赛的关系,此次比赛与今后比赛的关系,不以名次评价运动员价值。三是使训练条件逐渐复杂化,提高对环境的适应能力。在一个训练周期或一个赛季里,随着基本技术训练向专项训练和综合训练深入,以及赛前训练临近,应该逐渐增加训练难度,尤其适应环境的训练难度,使其接近或远远超过实际比赛中可能出现的复杂环境条件。通过这些训练,当运动员遇到类似问题时,有熟悉或习惯化的反应,有足够的心理准备去应对。

(二)身体应激控制训练

身体应激控制训练包括三方面内容:一是学会识别应激的症候。症候是中医学专用术语,概括为一系列相互关联症状的总称。运动员在赛前应激经

常伴有不同反应,出现不同的症候群。主要包括:疲劳、心跳加快、口干舌燥、失眠或身体肌肉颤抖、咬牙、颈部紧张、出汗、腹部痉挛、腹部疼痛、胃部不适、呕吐、尿频、腹泻等症候,使运动员从理性上了解自己应激的特殊反应,及早发现,不要紧张。二是运用放松技能的方法,选择自己习惯的放松方法进行肌肉放松,进而放松心理。三是在要求层次不同的训练或比赛中,培养运动员从稍微紧张到放松,从紧张到放松,从高度紧张到放松,使放松技能逐渐成熟。

(三)认知应激控制训练

认知应激控制训练可分为改变消极思维训练和积极思维控制训练两个方面。消极思维是产生破坏性应激的内部原因,取胜或失败的运动员在强烈应激情境下均可能产生消极思维。以积极的认知方法可以改变消极思维,具体方法包括:

(1)中断思维。中断思维是一个简单的调节技巧。当头脑中充满消极的令人焦虑的想法,对活动带来消极影响时,可采用中断思维方法。步骤如下:第一步,大声对自己说:"停止!停止!停止!",如果还没有奏效,可以继续使用其他方法,总之要让消极思维停止。第二步,根据比赛期望值,立即在脑中想象积极的使自己平静的表象。第三步,转移焦点,可以用语言提示,将注意转移到正在从事的动作过程或动作细节上。

(2)合理思维。以合理思维取代不合理思维,使之从焦虑、恐惧、压抑和自我表现贬低中解脱出来,达到对过度应激的有效控制。步骤如下:第一步,识别产生不合理思维的内容。不合理思维的总特征是对自己、他人和环境的要求绝对化、过分概括化。第二步,对不合理思维进行自我辩论。用理智的信念说服自己,并从过去或周围事物中寻找合理支持,加强辩驳力度。将客观存在的困难归因,从不可控转移到可控,寻找自己的优势,并将自己的优势与对手可能存在的优势对比,以此来稳定情绪,获取信心。第三步,明确现在应该做

的事,把注意力集中到当前应该做的第一件事,把目标分割成部分逐次实现。第四步,实施鼓动性语言。设计一些召唤语言,最好用一些肯定语句"我能把握住自己",重复积极语句"我一定会成功""坚持就是胜利"等。

(3)自我谈话。通过有层次的说理过程,对自己耐心说服,重新获得积极的自我形象。比如,有的运动员对比赛缺乏信心,认为赛前训练成绩不佳,就可以通过自我谈话方式解决。"尽管赛前训练不尽如人意,但我最近收获较大,可以在比赛中获得成功;我这次参赛的目标很现实;我的优点和长处明显,我要继续发扬长处和优势。"自我谈话实际是从消极心理现实出发,把问题和解决问题的方法联系起来,实现认识结构转换。

改变消极思维的训练方法,除思维中断和自我谈话外,还包括召唤性词语、自我定向断言等。其中,自我定向断言能用新的自我意象代替旧的自我意象,因此能有效促进消极思维改变。为改变运动员的消极思维,可以从以下方面设法力求改变:心甘情愿地接受改变,清楚需要改变的态度和习惯,建立与过去自我意象冲突的新的自我意象,设法用新的自我意象代替过去的自我意象。

(四)积极性思维控制训练

积极性思维控制训练是指运动员面对训练、竞赛和生活现实,能够驾驭思想,积极地思考问题,并减少对运动效能消极评估次数的技巧。由于思维与行为效果紧密联系,如果对某事所想、所谈、所写越多,发生的可能性就越大;确信成功,往往成功;担忧失败,失败就更易发生。因此,当积极性思维指向活动时,表现在确定目标、制定计划、建立技能练习心理定势、调节控制运动训练过程、强化提高技术水平;当积极性思维指向自我时,表现在使自我形成良好的态度和习惯,或以新的自我意象取代旧的自我意象,提高精神控制力。

积极性思维控制绝非仅是应激控制的认知策略,而是影响运动员训练和

比赛,乃至影响心理发展的重要心理技能。积极性思维控制包括培养积极思维和改变消极思维,又分别表现在活动与自我两方面。积极性思维控制训练主要方法包括四个方面:一是树立目标。树立经过努力可能实现的目标,能够激励运动员为之努力,使行动有了动力方向,避免因缺乏目标而产生的消极杂念和行为动摇。二是编制动作程序。每次训练或比赛前,将动作程序在头脑中认真编制清楚,所做的动作就成为模拟思想的系列图像。三是制定比赛心理方案。通过积极思维进行心理准备,能够带动其他准备,避免惊慌失措。针对运动员不同情况制定比赛心理方案,能够不断地提醒运动员在比赛中应注意的问题。四是对自己持有肯定态度。优秀运动员从参加竞技比赛开始,就应该对自己持有肯定态度,在成功与失败的交织中不断打造自己,形成独特风格,对所从事的运动项目充满兴趣和热情,用积极的语言评价训练和比赛。

第四章　体育比赛心理调节

心理压力是个体感受到环境的威胁，而在心理和生理交互作用下产生的一种紧张状态。虽然适度的紧张状态可以激发生理、心理潜能，提高操作效果，但运动员在参加重大体育比赛时所承受的压力难以想象，远远超出了"适度"范围，过度的心理压力或紧张状态导致唤醒水平过度升高，从而引起运动表现下降，这一规律在倒 U 型假说的相关研究中早已得到证实。由于过度心理压力会造成运动员比赛发挥失常或下降，因此，了解和掌握运动员心理压力特点及调节方法就显得尤为重要。

第一节　心理调节基础

心理调节是通过正确地认识和评价个人所处的环境，尽力消除那些不愉快的心理刺激和生活事件，理智接受非个人能力能改变的现实，从而去积极地适应，并使情绪积极而稳定，保持良好的自我意识，达到保持心身健康的目的。

一、不良心理状态表现

不良心理状态主要表现在以下八个方面：

一是情绪激动。强烈、暴发式、短暂的情绪状态，迅猛且难以抑制。呼吸短促、心跳加快，不能很好地控制动作，总想快速获胜，遇到机会不够冷静，动作变形，力量过猛，容易失去威力或直接失误。

二是情绪消极。缺乏信心和耐心，偶尔的失误，常见的预判失误，脚步移动、路线、控制不够精准等情况，就否定自己，气馁，缺乏斗志，影响随后比赛。

三是过分紧张。紧张是对威胁性、不愉快或未预料到的因素做出的情绪反应。表现为心跳加快、血管收缩、手足颤抖，难以正确处理问题，想赢怕输、要求高、压力大，领先时急于求成、求胜心切，容易出现非受迫性失误。

四是心理胆怯。遇到强手没信心、没拼劲，动作僵硬，四肢绵软无力，心跳能力变差，意识能力下降，技战术发挥失常。

五是心理冷漠。对比赛缺乏信心，知觉注意力强度减弱，反应迟钝，技战术运用不灵活，缺乏积极取胜的愿望。

六是心理焦虑。焦虑是在一定情景激发下，受个体认知、评价能力和其他身心因素所制约，以担忧为基本特征，以防御或逃避为行为方式，通过不同程度的情绪性反应所表现出来的一种心理状态。过分担忧、恐慌，夸大比赛难度，双腿打战、动作僵硬，害怕比赛成绩不好，思想上背包袱，发挥不出应有水平。

七是盲目自信。遇到弱手轻敌放松，结果先赢后输；或满怀信心，求胜心切，却对比赛对手的技术特点及战术变化缺乏全面了解，高估自身实力，一旦受挫，无所适从。

八是注意力分散。受对手和观众走动、裁判判罚等因素影响，自我控制和调节能力差，不能及时排除各种干扰杂念。

二、心理调节对象

心理调节的主要对象包括三个方面。

(一)调节心潮

心潮如同心理电压,心潮潮位的高低如同机器中的电压高低,对人的智力活动、情绪活动和意志活动都有重大影响。心潮惯性决定着一个人的一般智商高低,以及是否患有躁狂、抑郁、失眠、嗜睡等"心潮型心理疾病"。因此,通过调节心潮,可以有效地调节人的一般智商,并预防和治疗一些心理疾病。

(二)调节浅层

浅层是人脑的司令部,是心理的指挥室和操纵者,对人的特殊智力以及情绪和意志活动都有重要影响,浅层中的信息结构和情绪结构决定着一个人某方面特殊智力的高低,以及是否患有心理问题、网瘾、恐怖症等"浅层型心理疾病",因此,调节浅层是开发心理潜能和预防、治疗心理疾病的重要手段。

(三)调节情绪

不良情绪一旦占据浅层,将以内闯流的方式频繁闯入意识,使人反复体验负性情绪,破坏人的身心健康。同时,大量不良情绪占据有限的浅层空间,还会破坏人的特殊智力,对智力活动造成很大障碍。此外,不良情绪还会严重影响心潮的惯性,使人的心潮惯性发生病态变异,从而诱发躁狂、抑郁等"心潮型心理疾病"。因此,情绪必然是心理调节的重要对象,如何杜绝各种不良情绪产生,以及如何排除浅层中已经产生的不良情绪是心理调节的重要任务。

三、心理调节基本方法

心理调节的基本方法包括心潮调节法、浅层置换法和认知改变法。

(一) 心潮调节法

心潮调节法是指借助外在的饮食调节、药物调节、音乐调节、情绪调节、体育锻炼、思维训练、环境刺激等手段,调节、改变原有的心潮运动规律的方法。心潮惯性改变和浅层信息结构改变都可能导致心理疾病发生,其中,因心潮惯性病态变异而导致的心理疾病称为"心潮型心理疾病",因浅层结构病态变异导致的心理疾病叫"浅层型心理疾病"。由于心潮的惯性决定了一个人的气质类型、一般智商的高低,以及是否患有失眠、躁狂、抑郁和嗜睡等"心潮型心理疾病",心潮的潮位还可影响人的情绪强度和意志强度,所以,心潮调节法用途非常广泛,可以用来改变、塑造一个人的气质类型,提高一般智商,治疗人格障碍、失眠症、躁狂症、抑郁症和嗜睡症等"心潮型心理疾病",改变人的情绪强度和意志强度。

(二) 浅层置换法

浅层置换法就是指通过信息输入、联想、宣泄和听音乐等手段,把浅层中现有的一部分或全部信息、情绪、欲望置换到深层中去的一种方法。浅层置换类似于水池中"池水"的置换,由于水池的容量有限,当新水进入水池后,原有的一部分水就会被排挤出去,从而实现池水置换。由于浅层是意识的"看门人"、心理的"司令部",浅层信息结构决定着一个人的特殊智力,影响着一个人的感知力、观察力、记忆力和创造力等各项智力,并且控制着意识内容和思维进程,决定着一个人对外界的情绪反应和意志反应;此外,浅层信息结构还

决定着一个人的性格和才能,以及是否患有"浅层型心理疾病"。所以,浅层置换法用处非常广泛,可以用来提高人的特殊智商,改变人的性格和行为习惯,治疗网瘾、赌博瘾、心理问题、强迫症、恐怖症、抑郁症、孤独症和精神分裂症等心理疾病。

(三)认知改变法

由于导致不良情绪产生的根源是不合理认知,而不是不良事件本身,所以通过改变不合理认知,可以杜绝不良情绪产生。认知改变法是调节情绪的重要方法,同时也是心理调节的重要手段。通过浅层置换可以把已经产生的不良情绪从浅层中置换到深层中去,从而避免对智力活动和身心健康造成不良影响,但是不能从根源上杜绝不良情绪产生,这样势必造成这样一种结果,一边产生不良情绪,一边置换不良情绪,最终还是受到不良情绪影响。因此,要想从根本上杜绝不良情绪影响,就需要改变认知方法,从根源上杜绝不良情绪产生。所以,认知改变法是心理调节的重要方法,改变不合理认知的有效方法是学习、掌握必要的哲学辩证法知识和心理学知识。

第二节　心理障碍调节

从心理角度而言,较大的心理压力是由于外界刺激的增强而引起,并通过运动员的比赛行为表现出来,产生畏惧心理、过分紧张心理、比赛动机不端正、目的不明确、信心不足、性格孤僻、情绪暴躁等现象。因此,调节心理活动、克服心理障碍,就成为必须关注和解决的问题。

一、心理障碍类型

运动比赛的心理障碍类型包括动机障碍、情绪障碍、心理饱和障碍、激活障碍和攻击障碍。

(一)动机障碍

动机障碍是指最适宜动机水平以外的其他动机状态。运动比赛需要相应的动机适应水平,"适宜的动机"水平与运动项目和运动员的个性特点等可变因素有关。一般认为,以速度和力量为主、动作简单的运动项目,动机水平较高;精细动作为主的运动项目,动机水平较低。过高的动机水平会引起机体兴奋性过高,导致运动员注意力分散、情绪不稳定、难以控制动作、动作质量下降等不良反应;动机水平过低,表现为不能充分调动运动员的主动性和积极性,导致机能潜力发挥不足,心理能量得不到充分动员,造成运动水平降低。

(二)情绪障碍

适度的紧张情绪有助于激发运动员的主动性和积极性。但是,如果对成败的社会后果、观众的情绪、比赛胜败的意义、比赛对手的水平等不能正确对待或估计错误,便会产生强烈的紧张焦虑情绪,影响动作技术和心理潜能发挥,导致运动比赛成绩下降。这种由紧张和焦虑情绪引起的情绪障碍,一般在赛前由于等待应激刺激来临,产生的情绪反应程度较高;赛中因为心理能量释放,会向着有利的方向发展,不良情绪有所缓解;赛后的情绪状态与比赛结果有关,如果结果不良,在接下来的比赛中,紧张和焦虑情绪就会上升。

(三)心理饱和障碍

心理饱和是指人的心理承受能力达到了难以再继续承受的程度,已经处

于非常厌烦、不想再继续某项任务的心理状态。运动员心理饱和是影响比赛能力发挥的重要因素。当运动训练或比赛的持续时间过长时,运动员付出极大的体力和心理能量,需要高度集中的注意力、灵活的思维反应能力、精细的感知能力、敏锐的观察能力,如果疲劳状态得不到缓解,便会产生心理饱和状态,逃避参加比赛、厌倦体育运动,这种心理状态对比赛能力发挥十分不利,形成巨大的反作用力来阻抗比赛能力,降低参与运动训练和比赛的动机。

(四)激活障碍

在临近比赛前运动员信心十足、头脑清醒,注意力集中的良性心理激活状态,是比赛中充分调动生理机能潜力,适应比赛环境,发挥技能水平,排除各种干扰,取得优异成绩的前提。但是赛前的过度训练、生理疲劳、心理准备不足、动机过高或过低、环境压力过大等因素,会引起激活障碍。当激活不足时,运动员往往表现出冷漠、抑郁、精神涣散、注意力不集中、厌恶等情绪。激活过度时则表现为紧张、焦虑、慌乱、亢奋等情绪。激活不足或激活过度都会影响比赛水平正常发挥。

(五)攻击障碍

攻击性是运动员比赛时产生的重要心理特征及行为。比赛时运动员以对手为攻击对象,并处于全力拼搏和进攻性冲动状态。但是,运动员的攻击行为受到特定比赛规则的约束,如果欲达到的目的未达到,往往采取过大的攻击行为发泄不满情绪,可能造成更不利于自己的局面。如果这种攻击性得不到充分宣泄和释放,运动员会把攻击欲望带到比赛之后,攻击矛头可能指向自己、同伴、教练员、裁判员、观众或场地器材。这种不正常的心理障碍,无论对运动员参加比赛,还是对今后的训练和生活都十分不利。

二、心理障碍调节策略

心理障碍调节策略从恢复体力脑力、回忆技术动作、消除紧张情绪和增强比赛信心等四个方面提出。

(一)恢复体力脑力的策略

具体策略包括三个方面:一是转移注意力训练。比赛前后的脑力、体力恢复措施有所不同,前者需用运动心理学方法,后者只需保证休息、睡眠和营养即可。运动员在紧张剧烈的比赛期间,如果吃不好、睡不着,体力不仅得不到恢复,反而提前开始消耗,尤其是心理能量消耗更大。为了使运动员的体力和脑力得到休息,可以在比赛前让运动员参加一些轻松愉快的文娱活动,消除因临近竞赛而提早出现的不良情绪,领队和教练员可有意识地与运动员进行愉快的交谈,或安排运动员短暂的休假,转移紧张注意中心。二是肌肉神经放松训练。采用言语暗示手段,通过肌肉放松、意念调节来减少心理能量消耗,并从各种杂念中摆脱出来,使运动员很快进入"小睡"状态。三是提高睡眠质量。提高睡眠质量对恢复体力和脑力都十分重要,可以采用心理恢复的手段进行,即采取卧姿来放松和调节呼吸,结合个人睡卧习惯,适当变更个别动作,使运动员由被动的自然睡眠改为自我控制下的主动睡眠,提高睡眠质量,缩短入睡时间。

(二)回忆技术动作的策略

运动技能的掌握过程,不仅是对肌肉骨骼动作的训练过程,也是对智力的训练过程。有些技能动作不能形成,往往不是肌肉运动本身原因,而是大脑智力水平低下,缺乏必要的运动心理素质,缺乏积极的思考能力、敏捷的记忆能

力和稳定的情绪状态。为了提高运动员智力水平,加强运动知觉、表象和思维在运动技能形成中的作用,可采用回忆技术动作的心理训练方法,即念动训练或表象训练,回忆学过的技术动作,形成清晰的运动表象和概念,加深对关键技术动作的理解和掌握,从而达到提高运动技能的目的。这种训练方法一般在技术训练前后进行,也可以在技术训练间隙进行。具体做法:静坐下来,闭上双眼,进行肌肉和神经放松的心理训练,然后系统地回忆所学的技术动作,目的是掌握动作要领,形成正确的肌肉感知,促进动力定型。在回忆中还需唤起相应的肌肉和关节活动,以强化动力定型。

(三)消除紧张情绪的策略

具体策略包括四个方面:一是参加比赛。通过不断地参加比赛而积累实战经验,运动员的紧张情绪因为不断适应比赛而逐渐降低,最后达到正常状态。但是,比赛要有计划性和针对性,帮助运动员通过比赛有意识地调节情绪,达到消除紧张情绪的心理训练目的。二是利用模拟比赛消除紧张情绪。模拟比赛就是练习性比赛,教练员有意识地控制某些条件引起运动员情绪变化,并在此过程中增加运动员的比赛经验,提高调节情绪的能力,以便在正式比赛中运用。三是比赛中紧张情绪的转移训练。在紧张的运动训练或比赛现场,利用赛前或赛中的间隙,诱导运动员将注意力转移到与当前比赛无直接关系的事情方面,使运动员既有紧张情绪的体验又有自我调节紧张情绪的能力。四是情绪对比的心理训练。要求运动员回忆紧张的比赛场面、复杂而危险的技术动作,引起消极的紧张情绪,经过不断重复,使这种紧张情绪达到一定强度时,再回忆比赛中获胜后的欢愉情景,用积极情绪抵消消极情绪。

(四)增强比赛信心的策略

具体策略包括三个方面:一是赛前语言说服动员。通过赛前情况分析,使

运动员认识比赛的意义和有利条件,从而增强比赛信心。说服者要具有权威性,说服内容要具有针对性,论据充足并符合实际才能起到激励作用。这种心理训练手段比较方便,可以采用集体或个别的方式进行。二是结合赛前测验进行信心训练。通过赛前测验分析,改变期望过高或信心不足的非良性心理状态,使运动员准确地了解实际技术水平和优势。通过某些方面的训练,在心理上做好调整,对比赛的估计切合实际,把比赛计划方案建立在实力的基础之上。三是增强信心的自我训练。借助自身内部力量激励信心,训练中修正或重建形象。运动员处于自然放松状态,在恢复身心力量的基础上,诱导他们回忆最佳的比赛情景,回忆自己的运动成长史,在回忆中重新认识各方面有利因素,找出潜在优势,把被失利而压抑的内心力量焕发出来,达到提高比赛欲望、增强比赛信心的目的。

第三节　比赛状态调节

运动员在训练比赛中,为了让自己的心理状态保持在最高水平,根据具体情境和个人情况,可采用生理调节、认知调节和环境调节等方式对比赛状态进行调节。

一、生理调节

生理调节包括呼吸调节、表情调节和活动调节。

(一)呼吸调节

呼吸调节就是通过调节呼吸频率、深度和方式来控制情绪的一种方法,深

沉的腹式呼吸可以让运动员情绪稳定下来。情绪紧张时,常伴有呼吸短促现象,当情绪特别紧张时,有喘不上气的感觉,主要是由于呼气不完全造成。深呼吸能有效平复情绪,因为深吸气会刺激交感神经系统,使人心跳更快,而呼气与副交感神经系统有关,副交感神经受体位于鼻孔内壁及鼻窦上,屏住呼吸会增加血液中的二氧化碳,使血压降低,促进身体放松。过度呼吸症候群是急性焦虑引起的生理和心理反应,因为感觉不到呼吸而加快呼吸,导致二氧化碳不断被排出而浓度过低,引起次发性的呼吸性碱中毒等症状。如果持续较长时间,中枢神经就会出现抑制性的保护反应。运动员可以采用加速和减慢呼吸频率的方式来消除紧张情绪,过一会儿就会达到安静的效果。

(二) 表情调节

人的情绪表现于外在就是表情,当情绪发生变化时,可以看到某些外部特征。表情调节就是通过有意识地改变面部和姿态表情来控制情绪的方法。人的表情包括面部表情、姿态表情和语调表情。面部表情就是面部肌肉和腺体变化所表现出来的愁眉苦脸、眉开眼笑等情绪状态。姿态表情就是人在情绪状态下身体各个部位的表情动作,包括身体表情和手势。比如,紧张时的坐立不安、惊慌时的不知所措、高兴时的开怀大笑,愤怒时的全身颤抖。语调表情就是在情绪状态下个体语言的声调、节奏和速度等方面的变化,比如,悲伤时语调低沉,高兴时语调激动上扬,害怕时惊声尖叫。情绪状态与外部表情存在密切联系,产生情绪的同时会出现一系列生理变化,由此引发面部、姿态和语调等外部表情,通过改变外部表情,改变情绪状态。在情绪低沉、心情不好时,可以强迫自己做出笑脸,露出微笑,即使做不到,也可以看看别人的笑脸,或者看一些有意思使自己高兴的故事。

(三) 活动调节

活动调节就是通过身体活动方式控制情绪的方法。大脑与肌肉的信息是

双向传导,神经兴奋可以从大脑传到肌肉,再从肌肉传回到大脑。如果肌肉活动频繁,肌肉向大脑传递的冲动就多,大脑的兴奋水平也就越高,情绪变得越来越好。相反,如果肌肉放松,肌肉向大脑传递的冲动减少,大脑的兴奋性降低,情绪就会低落。活动调节可以采用不同的速度、幅度、方向和节奏,调节运动员临场的情绪状态。当情绪过于紧张时,就进行幅度大、强度小、速度和节奏慢的动作练习,降低情绪的兴奋性,消除疲劳。当情绪低落时,可以进行强度大、幅度小、速度和节奏快的变向动作练习,提高情绪的兴奋性。从不同运动项目属性来看,不同消极情绪可以选择不同运动项目。适度的有氧运动,能够促使神经兴奋,减少焦虑感;山地、陆地、水面环境下的户外运动,可以有效改善敌对情绪。

二、认知调节

认知调节包括表象调节、暗示调节、转移调节、宣泄调节和激化调节。

(一)表象调节

表象重现是一种积极的意念,能够使植物性神经系统活跃,新陈代谢血流量增大,加快心跳速度,提高呼吸频率,热能供应充足,使人感觉到精力充沛、情绪振奋。表象调节是通过表象控制情绪和行为的方法。运动员比赛上场前,脑海中浮现出过去取得成功的时刻,体验当时的身体感觉和情绪状态,回忆当时充满自信和愉快的情绪,可以增强信心,受到鼓舞,获得力量,提高注意力,避免出现杂念干扰,有利于自信从容地应对本次比赛并取得优异成绩。运动员可以在脑海中想象自己正处于一个非常舒适的环境之中,让自己身临其境,放松心情;可以想象自己躺在草地上,身上沐浴着温暖的阳光,周围鸟语花香,清新的空气拂面而来,小鸟在树上唱着欢乐的歌曲;也可以想象自己在海

边吹着海风,听着海浪拍打沙滩的声音。

(二)暗示调节

暗示调节是一种控制情绪和行为的方法,可以使用手势、表情或其他暗号进行。在日常生活中暗示现象应用非常广泛,有积极的一面,也有消极的一面,积极暗示有助于调动人的内在因素,发挥主观能动性。暗示不仅对人的心理和行为产生影响,还会影响人的生理变化,比赛心理调节较为重要的方法之一就是暗示调节。暗示分为自我暗示和他人暗示,比赛之前或比赛之中,教练员尽量用积极的语言分析对手情况,制定战术,树立信心,而不用否定的语音暗示。教练员和运动员还要注意自己的姿势、脸部表情、手势和眼神,这些都是暗示信息的渠道,可能对他人心理产生影响。另外,接受暗示并不是根据实际情况做出的判断和反应,小孩和成人相比,容易受到暗示;女性和男性相比,容易受到暗示;普通人容易受到来自权威的暗示。

(三)转移调节

转移调节就是当情绪不好时转移注意力,把注意力从引起不良情绪反应的刺激情境,转移到其他事物上去或者从事其他活动的自我调节方法。当情绪不佳的情况出现时,把注意力转移到感兴趣的事情上去,包括外出散步、看电影、电视、读书、打球、下棋、玩游戏、找朋友聊天等,有助于使情绪平静下来,在活动中寻找到新的快乐。使用这种方法,一方面,中止了不良刺激源的作用,防止不良情绪泛化、蔓延;另一方面,通过参与新的活动,特别是自己感兴趣的活动,达到增进积极情绪体验的目的。比赛前,运动员从事一些感兴趣的娱乐活动,举行一些生日派对或集体联谊活动,让运动员表演节目、娱乐身心,缓解参加比赛带来的紧张情绪。

（四）宣泄调节

对那些未能实现的意愿和未能满足的情绪，要千方百计地宣泄出来，对人的身心和工作都非常有利。控制调节情绪的有效方法就是运用恰当方式，及时充分地宣泄内心的痛苦、忧愁、委屈和遗憾等情绪。情绪宣泄是一种情绪管理技能，宣泄调节就是通过宣泄控制情绪的方法。如果把快乐告诉朋友，你将获得两份快乐；如果把烦恼告诉朋友，你就减少了一半烦恼。宣泄情绪主要包括倾诉、哭泣和记日记等三种方式。倾诉是把积郁的消极情绪倾诉出来，以便得到朋友的开导和安慰；哭泣是一种非常有效的情绪发泄方式，把积压在内心深处的情绪发泄出来，哭过之后往往会让人感觉轻松很多。记日记是将情感和思想记录下来，让自己更好地理解内心的情感，并缓解压力。应当为运动员提供宣泄情绪的渠道，特别是当运动员遇到困难或挫折时，满足宣泄情绪的需要。

（五）激化调节

大多数调节方法都是从降低中枢神经系统兴奋程度的角度出发，目的是消除过度的焦虑、紧张和愤怒。有些时候，运动员需要被刺激，才能明白自己的重要性和存在的问题，采取有效措施解决。激化调节也叫激将法调节，通过刺激和唤醒自尊意识控制情绪和行为的方法，快速使运动员情绪激动起来，主要适用于信心不足、状态不积极的选手。激将法就是利用别人的自尊心和逆反心理积极的一面，以"刺激"的方式，激起不服输情绪，将其潜能发挥出来，从而得到不同寻常的说服效果。激将法是一种很有力的口才技巧，在使用时要看清楚对象、环境及条件，不能滥用。同时，运用时要掌握分寸，不能过急，也不能过缓。过急，欲速则不达；过缓，对方无动于衷，无法激起对方的自尊心，也就达不到目的。另外，一些伤害运动员自尊心的言语要尽量少用。

三、环境调节

环境调节包括音乐调节、颜色调节、饮食调节和气味调节。

(一) 音乐调节

人们早期就发现了音乐对人身心健康的积极影响,比如,催眠曲可以帮助人进入睡梦,唱歌可以减轻繁重体力劳动所造成的疲劳。音乐具有明显的调节情绪功能,已被越来越多的人所承认。心理学家研究表明,对人的刺激因素中音乐位于首位。音乐以不同的曲调、节奏和旋律,对人产生不同程度的兴奋、镇定和平衡作用。比如,节奏明快、铿锵有力的音乐,能够振奋人的情绪;旋律优美、悠扬婉转的乐曲,能够使人情绪安定,轻松愉快。陶醉在自己喜欢的音乐中会放松身心,让人心情平静舒畅。处于兴奋状态的运动员,如果赛前有异常情绪表现,可以听一段喜欢的音乐,达到调节情绪的作用。研究结果也表明,诱导性音乐、松弛性音乐和动员性音乐,能够使运动员摆脱赛前的紧张情绪,间接起到心理暗示的作用。

(二) 颜色调节

颜色是视觉刺激物,可以引起冷暖和味道等身体感受,被称为"联觉",本来是一种通道的刺激能引起该通道的感觉,现在还是这种刺激却同时引起了另一种通道的感觉。体育比赛中可以利用"联觉"现象来调节运动员的心理状态,颜色调节即通过颜色控制情绪。如果运动员过于紧张,可以让他们看一些绿色或蓝色的东西,这样能够起到镇定作用;或者用绿色毛巾擦汗,饮用绿色饮料,到蓝色环境中休息,缓解自身过度兴奋的情绪。如果运动员临场精神状态不好,可以给予红色或黄色刺激。在对抗性比赛中,红色容易激发对手的好

斗情绪,所以在大型比赛中,运动员都喜欢穿白色比赛服装树立自信心。在平时的对抗练习中,为了提高激烈性,达到训练效果,或使用颜色刺激来增强运动员的兴奋性。

(三) 饮食调节

食物和情绪之间具有一定联系,食物会影响人的情绪和行为方式,饮食调节就是通过饮食控制情绪的方法。通过食物来帮助调节情绪,除了碳水化合物,还可以适当吃些巧克力、香蕉或葡萄等类食物。碳水化合物能够起到镇定作用,刺激大脑产生一种神经递质,让人们感到平静和松弛;巧克力中含有的苯乙胺,可以帮助调节人的情绪,而且镁元素含量也比较丰富,适当吃些巧克力可以使人的心情得到改善;香蕉也能够帮助改善不良情绪,因为香蕉里面含有生物碱,可以使精神振奋,帮助减少忧郁感,而且香蕉还有一定的润肠通便功效,可以缓解便秘引发的烦躁情绪;葡萄含有氨基酸、维生素、葡萄糖等物质,对大脑神经有一定的兴奋作用,可以帮助改善不好情绪。运动员比赛前应当注意根据营养或医生的指导进食。

(四) 气味调节

研究证明,嗅觉与情绪之间的神经联络格外密切,人类的情绪75%是由嗅觉产生。在森林里或下雨过后的大草原上散步,那种心旷神怡的感受令人流连忘返,这是由于在这些自然的环境里,空气的质量特别干净,加上森林、草原的植物所散发的芬多精,空气里充满了自然香气,不仅安抚了人的情绪,更能帮助身心和谐运作。气味调节就是通过气味控制情绪的方法,当精神疲惫倦怠时,可以通过释放薄荷味来振奋心情,提升思维活跃度;当心绪紊乱时,可以闻一闻玫瑰花香的味道,会让人平心静气;当心情低落时,可以闻一闻新鲜苹果或者芦荟的味道,会使人心情特别舒畅。运动员在训练或比赛过程中,应该

注意保持休息室干净整洁、空气清新,保证运动服和擦汗毛巾清洁。在比赛开始前,可以在擦汗的毛巾上洒一点香水,在比赛间隙使用擦汗毛巾时,就可以闻到淡淡的香水味,用来调节紧张情绪,缓解压力。

第四节 情绪诊断与调节

情绪是对一系列主观认知经验的通称,是多种感觉、思想、行为综合产生的心理和生理状态。最普遍的情绪有喜、怒、哀、惊、恐、爱等,也有一些细腻微妙的情绪,包括嫉妒、惭愧、羞耻和自豪等。情绪常和心情、性格、脾气和目的等因素互相作用,也受到激素和神经递质影响。无论正面情绪还是负面情绪,都会引发人们行动的动机。情绪是影响个体心理和行为的重要心理要素。在运动员的训练和比赛过程中,情绪是影响运动员运动心理的因素之一,对于运动员运动心理和行为会起到积极或者消极影响。

一、情绪的功能

情绪是个体与环境之间某种关系的维持和改变,是一种混合的心理现象,由独特的主观体验、外部表现和生理唤醒三种成分组成,具有五个方面功能:一是适应功能。有机体在生存和发展的过程中,有多种适应方式,情绪是有机体适应生存和发展的一种重要方式。当刺激因素引起某种情绪产生后,个体能够通过情绪了解自身或他人的处境与状况,然后经过大脑分析,支配接下来的行为,以适应当前的身体和心理,进而适应个体当下的交往、生存或发展。二是动机功能。情绪是动机的源泉之一,是动机系统的基本成分,能够激励人的活动,提高人的活动效率。适度的情绪兴奋,可以使身心处于活动的最佳状

态,推动人们有效地完成任务。研究表明,积极情绪对行为具有促进作用,消极情绪对行为具有抑制作用,适度的紧张和焦虑能促使人积极地思考和解决问题。三是组织功能。情绪的组织作用是指情绪对其他心理过程的影响。情绪心理学家认为,情绪作为大脑内的一个检测系统,对其他心理活动具有组织作用。这种作用表现为积极情绪的协调作用和消极情绪的破坏与瓦解作用。中等强度的愉快情绪,有利于提高认知活动效果,而恐惧和痛苦等消极情绪会对操作产生负面影响。消极情绪的激活水平越高,操作效果越差。四是信号功能。情绪在人际间具有传递信息、沟通思想的功能。对于个体与其他人来说,情绪能够促进和抑制交往,情绪是人们心理活动的晴雨表。这种功能通过情绪的外部表现,即表情来实现。表情是思想的信号,比如,用微笑表示赞赏,用点头表示默认。表情也是言语交流的重要补充,比如,手势和语调等能使言语信息表达更加明确。五是识别功能。情绪的识别功能表现为人的同理心,可以换位思考,为他人着想。平时有意识地监测情绪变化,并能够察觉某种情绪出现,观察和审视自己的内心世界体验,这是情绪智商的核心。

二、运动员情绪诊断

运动员情绪诊断包括感受情绪、识别情绪和辨析情绪。

(一)感受情绪

感受情绪是运动员进行自我情绪诊断的第一步,正确感受情绪应做到以下四点:一是观察情绪。当出现情绪时,不必立刻对情绪进行干预,只需单纯地关注这种情绪,留意情绪体验。二是描述情绪。描述是对观察的回应,是对观察内容的归类。将观察和体验到的情绪用文字或语言客观真实地表达出来,有助于正确认识情绪。三是客观对待情绪。对情绪采取非评判态度,对任

何一种情绪都不给予评估,不用"应该""必须""好坏"去评论,而是接受这种情绪及情绪体验。四是专注于情绪。学会集中精力感受自己的情绪,将注意力专注于思考、担忧、焦虑的事情。

(二) 识别情绪

每一个人都有自己的情绪模式,可以先入为主地阻断个体思维,控制个体意识,并强制引发本能行为反应,这种现象被称为"情绪绑架"。因此,当情绪成为意识和认知的一部分时,就很难辨识。为了更好地识别情绪,可以采用以下方法:一是记录法。抽出时间有意识地留意并记录情绪,包括情绪产生的时间、地点、缘由、发生过程和影响等。二是反思法。记录情绪的变化图谱,积极反思,判断情绪反应是否得当、情绪诱因,以及如何消除不良情绪等。三是反馈法。通过与人交往,了解他人对自己情绪的全面客观描述,通过反馈来认识自己的情绪。四是测试法。通过专业情绪测试识别自己的情绪。

(三) 辨析情绪

不同情绪反映了不同的心理需求,在识别情绪的基础上,清晰地辨析自己的情绪,以找到心理症结。个体只有清晰地辨析情绪是正面还是负面,是健康还是不健康,才能正确地认识自己的情绪,以及情绪背后的观念行为等。健康的负面情绪具有以下特点:来自合理的信念,导致建设性的行为和现实性的思维,能够促进问题解决,帮助目标实现。不健康的负面情绪具有以下特点:来自不合理的信念,导致非建设性的行为甚至歪曲思维,阻碍问题解决,阻碍目标实现。

三、运动员情绪调节

当出现明显的正面情绪或负面情绪时,意识到这种情绪,并增加情绪的积极影响、减少或消除情绪的消极影响。对于运动员来说,情绪与运动关系密切,更应该关注运动训练和比赛中不良情绪的调节,最大限度地减少和消除不良情绪对运动训练和比赛的消极影响。情绪调节方法有很多,最重要的是理智控制、转移和排遣消极情绪。

(一) 理智控制

理智控制包括自我接纳和克服完美主义两种方法。

(1)自我接纳。自我接纳是指个体对自我及其一切特征采取一种积极的态度,简言之就是能欣然接受现实自我的一种态度。具体包括三种方法:一是停止对立。停止对自己的不满、批判、挑剔和责备,学会肯定自己、维护自己生命的尊严与价值。二是停止苛求。"人非圣贤孰能无过",要允许自己犯错误,但在犯错后要及时做出补偿。三是直面情绪。负面情绪也有健康和不健康之分,当产生负面情绪时,不要抑制、否认或掩饰,而是要坦然面对、承认和接纳,然后想办法解决情绪的不良影响。

(2)克服完美主义。完美主义是一种人格特质,也就是在个性中具有凡事追求尽善尽美的极致表现的倾向。心理学家认为,具有完美主义性格的人,通常有下列几种特性,即注意细节、要求规矩、缺乏弹性、标准很高、注重外表呈现、不允许犯错、自信心低落、追求秩序与整洁、自我怀疑、无法信任他人。如何摆脱完美主义枷锁,可采用以下方法:一是学会满足。任何一件事情都不可能做到百分之百满意,必须学会满足。二是不过分要求别人。完美主义者不仅对自己要求严格,对于周围人没有达到要求也会大发雷霆或紧张不安,要学

会"不拘小节",允许一定程度的"不完美"。三是不完全满足别人。一个人不可能让人人都喜欢、让人人都满意,必须认识到总有一些方面使某个人或某些人失望。四是不以自我为中心。过度以自我为中心会引发紧张情绪,一旦某些人或某些事没有按照自己想象的那样去发展,就很可能引起个体的焦虑、不满、愤怒等不良情绪。因此,要在认知方面转变以自我为中心的观念和想法。

(二)转移和排遣消极情绪

转移和排遣消极情绪,首先要表达消极情绪,然后是转移消极情绪,转化消极情绪。

(1)表达消极情绪。表达消极情绪包括四种方法:一是向自己表达。清楚地认识到自己的情绪状态及其来源。二是向他人表达。通过与人交往表达自己的情绪,也可以寻求专业心理治疗师来表达自己的情绪。三是向环境表达。通过旅游或户外运动等方式,将自己的消极情绪释放到大自然或活动中去。四是升华的表达。把自己的情绪,升华为一种对自己、对他人、对社会都具有建设性意义的动力。

(2)转移消极情绪。转移消极情绪包括四种方法:一是运动转移法。运动使人快乐,运动可使心率加快,促进血液循环,增加机体对氧气的吸收量,使大脑兴奋,促进内啡肽分泌,令人轻松愉快。二是颜色转移法。不同的颜色会引发不同的情绪。烦躁或恼怒时,应避开红色;抑郁时,避开黑色或深蓝色,多接触明快的暖色彩;焦虑、紧张时,多接触灰、白等冷色调,以镇定身心。三是音乐转移法。音乐具有调节心情的作用,情绪不佳时,可以听一些欢快轻松的音乐。唱歌是调整情绪的润滑剂,可以通过唱歌来表达情绪,尤其是那些需要用嗓子吼出来的歌,特别能给人一种发泄的感觉。四是饮食转移法。研究发现碳水化合物具有镇静作用,这是因为碳水化合物可以刺激大脑生成一种具有镇静、弛缓作用的神经介质。因此,当情绪烦躁不安或低沉抑郁时,可食用玉

米、马铃薯、面粉或水生贝壳类动物、鱼、鸡、瘦肉、黄豆等来缓解不良情绪。

（3）转化消极情绪。转化消极情绪包括三种方法：一是自我暗示。通过自我语言暗示自己，调节情绪，使不良情绪得到缓解。比如，将要发怒时，暗示自己"发怒有害无益"；陷入忧愁时，暗示自己"振作起来吧"。二是自我激励。鼓励自己，通过名言、警句等进行自我激励，做自己的支持者，相信一切都是最好的安排，相信现在的困难只是为了能够配得上未来耀眼夺目的自己。三是自我放松。使用深度呼吸训练、静坐与冥想、意象训练或肌肉放松训练等方法。

第五章 体育运动心理动力

心理动力理论是基于心理学和精神分析的理论,旨在解释人类行为的动机。该理论强调心理动力,认为人受内心潜意识影响,这种动机可以影响人们的行为、情绪和思维。心理动力是精神分析学的一个概念,指人类一切精神活动的内在驱动力。弗洛伊德精神分析学认为,存在于无意识中的性本能是人心理的基本动力,是摆布个人命运、决定社会发展的永恒力量。本章基于心理动力理论研究体育运动心理动力,核心内容包括体育运动动机、体育运动兴趣和体育运动归因。

第一节 体育运动动机

动机是激发和维持有机体的行动,并将使行动导向某一目标的心理倾向或内部驱力。动机能够引起并维持人的活动,将该活动导向一定目标,以满足个体的念头、愿望或理想等。动机是个体的内在过程,行为是这种内在过程的结果。运动动机是指人参加运动活动的动力,具有启动人的行为,并使行为以一定强度在运动活动中保持的特性。一定水平的运动动机使体育活动参与者在运动活动中表现得更加努力,更能集中精力,练习时间更长,坚持时间更长,低运动动机则可能使个体放弃并退出体育运动。运动动机与运动效果之间存

在着相辅相成的关系,即运动动机对体育运动结果具有互为促进的作用,同时,良好的运动学习与锻炼效果也能够增强运动动机。在运动活动中实现了预期目标,满足了心理需要,产生了积极的情绪体验,原有的运动动机就能够得到强化。

一、体育运动动机的理论

动机理论主要包括本能论、行为论和人本论。

(一)动机的本能论

动机的本能论是运用达尔文的生物进化论的观点来解释动机本质的理论。将人的动机还原到一般动物的动机。美国心理学家詹姆斯提出,人的行为依赖于本能指引,人除了具有动物一样的生物本能外,还具有社会本能。美国心理学家麦独孤是该理论的代表,系统提出了本能理论,认为人类的所有行为都是以本能为基础,本能是人类一切思想和行为的基本源泉和动力,本能具有能量、行为和目标指向三个成分,个人的民族性格与意志也是由本能逐渐发展而形成。人出生以后,看待任何事物都新奇,任何活动都能引起兴奋,从抬头、翻身、抓握、爬行、走路和跑步中,活动范围越来越大,观察、接触、认识的新鲜事物越来越多,生活经验也越来越丰富,"天性"在活动中得到发挥,"本能"在活动中获得满足、认知能力得到良好发展。体育运动一定要充分利用学生爱活动的"本能"动力,不要限制、压抑了人的这种"天性",要适当满足学生的需要和兴趣,内容安排丰富多彩,形式多种多样,要"精讲多练",注重让学生"动"起来,使本能能量得到充分释放。

(二)动机的行为论

动机的行为论是关于人类行为发生的原因和驱动力所在的学说,揭示了

人类行为的动态过程,并为解释个体行为提供了理论依据。行为主义认为,强化促使了某种行为动机的产生,换句话讲,学习动机是学习行为受到外部强化的结果。在学习过程中,受到强化的学生将会进一步增强学习动机;相反,受不到强化的学生就会减弱学习动机。所谓强化是指使有机体增加某种行为反应重复出现可能性的力量。当个体表现出良好行为,并得到了期望的奖励,将使个体高兴、快活,乐于再次表现同样的行为,这属于积极强化。由于个体表现出良好行为,撤销原本加在个体身上的不愉快刺激,也可使个体高兴、快活,乐于再次表现同样的行为。这也是强化,但属于消极强化。当个体表现出不良行为,且被给予了不期望的惩罚,或取消了使个体愉快的刺激,将会使个体难过、悲伤,该行为发生的次数就会产生减少的趋势,这就是惩罚。

(三)动机的人本论

人本主义取向的心理学认为,动机是人们试图实现人作为人的全部潜能的倾向。美国心理学家马斯洛通过对各种人的观察和人物传记的研究,把人类行为的动力从理论上系统整理,提出了需要层次说。在马斯洛看来,动机和需要是一回事,人的行为由一定的需要所驱使。人类的需要包括生理需要、安全需要、归属和爱的需要、尊重需要、认知需要、审美需要和自我实现需要,其中最高级的需要是自我实现。马斯洛理论中的一个关键问题是缺失需要与生长需要之间的区别。缺失需要(包括生理需要、安全感、爱和尊重)是指对生理和心理安宁极为重要的需要,必须得到满足,但是,缺失需要一旦得到满足,要求满足的动机也就没有了。与此相反,生长需要(包括认知需要、审美需要和自我实现需要)不可能完全得到满足。事实上,一个人越是能够满足认知需要,越是有更强的动机去学习更多内容。

二、体育运动动机的分类

体育运动动机的分类是以运动参与者的心理动因需求与指向所构成,分为生物性动机与社会性动机、内部动机与外部动机、直接动机与间接动机三大类。

(一)生物性动机与社会性动机

根据参与运动学习和锻炼活动的心理动因是以生物性需要还是以社会性需要为基础,可将运动动机分为生物性动机和社会性动机。

(1)生物性动机。为了获得刺激、眩晕、运动愉快感觉和宣泄身心能量,满足个体的生理性需要而参加体育活动的动机,属于生物性动机或原发性动机。虽然是相对低级、个体化的动机,但对学生体育参与活动的心理和行为影响却较大。学生对参与体育运动拥有较大的期待,如果得不到满足,就会产生心理烦躁、行为不安、注意与情绪难以控制等状态。因此,体育教学应安排得生动、多样、活泼,以满足学生的生物性需要。

(2)社会性动机。为了在体育运动中与同伴接近、交往,得到认同,发展友谊,追求完美,施展才能,获得成功,赢得荣誉,满足个体的社会性需要而参加体育运动的动机,属于社会性动机或继发性动机。这是既重视交往,又重视声誉的运动动机,是通过学习获得的继发性动机,具有相对持久的特征,对学生在体育运动和身体锻炼中的人际互动与相互学习,学习体育知识,掌握运动技能,提高身体能力,以及追求成功等方面都具有较大的推动作用。因此,体育教学也应注重互帮互助、人际交往、才能展示、合作与竞争等内容的安排,以满足学生的社会性需要。

（二）内部动机与外部动机

根据学生参与体育运动和锻炼活动的心理动因主要是由自身内在需要转化而来，还是由外界条件诱发而来，可以将运动动机划分为内部动机和外部动机。

（1）内部动机。来自学生自身好动、好奇或好胜的心理，比如，渴望从体育运动中获得身体上的快感、乐趣、刺激，以及希望满足自尊心、上进心、荣誉感、义务感、归属感、自我决策和自我实现等心理需要的动机，属于内部动机。一般而言，内部动机对学生参与体育运动的推动力量较大，维持时间也较长。因为由内在需要引发的运动本身，可以使学生得到某种满足，比如，运动乐趣的获得、竞争的参与、运动效能感的提高等，无须外力作用。因此，内部动机的"内滋奖励"是既"经济"又更富有积极推动作用的心理动力。

（2）外部动机。由学生自身之外的诱因转化而来的动机，比如，教师表扬、同学赏识、竞争获胜的奖励或荣誉，或者迫于压力、避免惩罚与升学考试等原因而参加体育运动的动机，属于外部动机。外部动机对学生参与体育运动的推动力量相对较小，持续作用时间也较短。"外附奖励"一旦消失，外部动机的动力作用也会很快减弱。但外部动机并非一无是处，对于那些年龄较小或欠缺运动动机的学生来说，利用外部动机引发运动行为还是十分必要和有效的。

（三）直接动机与间接动机

根据学生参与体育运动和锻炼活动的心理动因是指向体育活动过程还是指向体育活动的结果，可以将运动动机分为直接动机和间接动机。

（1）直接动机。直接动机指向体育运动和锻炼活动的内容、方法或组织形式等。直接动机以体育运动的直接兴趣为动力。直接动机内容具体，行为的直接动力作用较大。例如，某学生被足球运动的魅力所深深吸引，主动参与到

这项运动中来,在教师的帮助下获得了乐趣,也学到了运动技能,培养了长久坚持进行这项运动的习惯。直接动机是学生进行体育锻炼的基础,直接兴趣是一种巨大的动力,是引导学生参加体育运动的主要因素,能最大限度地调动学生的锻炼热情。

（2）间接动机。间接动机是指体育运动可能带来的生理、心理和社会的延迟、间接结果的动机。间接动机具有较强的稳定性,是大学生经常参加体育锻炼的重要动机。在间接动机中增强体质和搞好专业学习是专业动机的主要内容。间接动机持续时间较长,为集体争光、为取得良好的体育成绩也是大学生参加体育运动的间接原因。间接动机是在直接动机的基础上建立起来,最初少年儿童参加体育运动一般由直接兴趣引起,兴趣是动机的基础,很多大学生仍能保持直接兴趣的动机。

三、体育运动动机的功能

运动动机好比汽车的发动机和方向盘,既给人以运动的动力,同时又把握着运动的方向。运动动机对学生的体育运动和身体锻炼行为起着动力和定向的作用。

（一）发动功能

学生不会无缘无故地去体育场地进行体育活动,当参加某种体育运动时,表明内心一定产生了想要运动的愿望。这个愿望达到一定水平,就成为心理动力推动其行动起来。这就是运动动机对学生体育学习和身体锻炼行为的发动功能。

(二)选择功能

运动动机不仅能发动体育运动行为,而且能使学生的运动行为具有稳固而特定的内容,使运动行为趋向一定的活动目标。例如,在课余时间,可以看到有些学生在跑步,有些学生在打篮球,还有些学生在跳绳,各自进行着不同的体育活动。这是由于学生运动动机的差异所造成。

(三)强化功能

运动动机通常决定着学生体育参与行为的努力程度。活动愿望强烈的学生,在体育学练过程中表现出兴趣浓厚、情绪高昂、注意力集凵、肯于付出等特点,遇到困难时克服困难的决心也较大。在体育活动中情绪低落、注意力分散、怕苦怕累、遇难而退的学生,往往运动动机不足。

(四)维持功能

运动动机与体育活动坚持时间的长短也有直接关系。学生的体育活动愿望强烈,运动持续的时间就可能较长,即使在疲劳的状况下也能坚持一定时间。如果从事体育活动的愿望较弱,运动持续的时间就可能较短,想让他们保持较长时间也比较困难。

第二节　体育运动兴趣

体育运动兴趣是人们积极地认识、探究或参与体育运动的一种心理倾向,是获得体育与健康知识和技能、促进身心健康的重要动力。人们一旦对体育运动产生了兴趣,就会对与体育运动有关的事情和信息表现得特别关注,并积

极主动地参与到体育运动中去。体育运动的结果需要得到满足,并由此得到积极的情绪体验。体育运动兴趣是体育运动参与的基本动力之一,影响着人们体育运动参与的具体活动方向和强度。

一、体育运动兴趣的特点

体育运动兴趣具有倾向性、广泛性和稳定性等特点。

(一)倾向性

体育运动兴趣的倾向性是指体育运动兴趣总是指向特定的运动项目或体育事件。当对某项体育运动感兴趣时,体育运动兴趣的倾向性能够强化学习态度,有助于学生在体育运动学习方面取得成功,获得好成绩,而这种结果又会反过来强化体育运动兴趣的倾向性。不同人的体育运动兴趣指向的方向和内容可能存在很大不同。有的人对球类体育运动感兴趣,有的人对水上体育运动感兴趣,有的人偏重于在参与体育运动的过程中获取愉快体验,有的人则热衷于收集与体育运动有关的各种信息。体育运动兴趣的倾向性直接影响体育运动兴趣的性质。因此,在体育教学中,体育教师应善于挖掘出激发学生体育运动兴趣的有效方法,充分揭示体育运动的内在美,让学生对体育运动兴趣具有一定的倾向性,从而取得良好的体育教学效果。

(二)广泛性

体育运动兴趣的广泛性是指体育运动兴趣指向对象范围的大小。在体育运动兴趣的广泛性上,人与人之间的差别很大。体育运动兴趣广泛的人,除了经常注意感兴趣的体育运动项目本身以外,还会了解与该项体育运动相关的其他体育运动及其各类信息,并加以钻研,增进对该项体育运动的了解,为大

幅度提高该项体育运动技能水平提供可能。体育教学中应巧妙地设计教学内容,注意启发学生进行自主式和探究式学习。这样不仅能够使学生更加喜欢体育学习,而且可以诱导学生从对某个体育项目本身的兴趣,发展成与该体育项目有关的、更具普遍性的体育运动兴趣。

(三)稳定性

体育运动兴趣的稳定性是指体育运动兴趣持续时间的长短。体育运动兴趣的持续时间越长,表明稳定性越强,持续时间越短则稳定性越弱。有些人的体育运动兴趣比较广泛,但很不稳定、不持久。虽然有时也可能被某个体育运动项目所吸引,产生强烈的兴趣,但等接触到另一个项目后,兴趣可能又转向了新的项目。一般来说,成人的体育运动兴趣比较稳定,少年儿童的体育运动兴趣容易转移。原因是少年儿童的认识水平较低,独立活动能力较差,易受外界干扰,对所从事体育运动的意义认识不深,又难以独立从事那些需要克服困难的体育运动,一旦遇到挫折或受外界干扰就会很快转移兴趣。随着年龄增长,少年儿童的体育运动兴趣将逐渐得以稳定。

二、体育运动兴趣的分类

体育运动兴趣的分类方法很多,根据体育运动兴趣的内容,可以分为物质兴趣和精神兴趣;根据体育运动兴趣的倾向性,可以分为直接兴趣和间接兴趣;根据体育运动兴趣的广泛性,可分为广泛兴趣和中心兴趣。本书采用根据体育运动兴趣内容的分类方法,即分为物质兴趣和精神兴趣。体育运动直接兴趣是指由体育运动本身特点所引起的兴趣,比如,对参与体育运动、观看体育比赛等方面的兴趣。一般来说,新奇的事物以及与运动需要直接相符的运动项目比较容易引起直接兴趣。例如,有的人对打排球有兴趣,是由于对排球

运动本身具有浓厚兴趣,是排球的技术或打法吸引了他,这种兴趣就是直接兴趣。由于运动本身能够满足人的需要,因而直接兴趣能促使人们产生愉快感。体育运动间接兴趣是指由体育运动的目的或结果所引起的兴趣,比如,保持体型、强身健体等。由于人们对产生间接兴趣的体育运动本身并没有需要,因而不一定能使人产生愉快感。例如,同是对打篮球感兴趣的人,有的人满足于参与篮球运动的过程,有的人则追求篮球运动带来的健身效果。前者是对篮球运动的直接兴趣,后者就是对篮球运动的间接兴趣。

从心理学角度来看,直接兴趣是指个体对某个物品、活动或主题本身的兴趣,这种兴趣通常是由于个体对物品、活动或主题的特点、性质、功能等方面的认知而产生。间接兴趣则是指个体对某个物品、活动或主题所产生的间接兴趣,这种兴趣通常是由于个体对物品、活动或主题所涉及的其他方面的兴趣而产生。从教育角度来看,直接兴趣是教育者在教学中需要尽力激发和引导的一种兴趣,因为直接兴趣是学生对于学习内容本身的兴趣,所以如果学生对于学习内容没有直接兴趣,那么就不太可能主动去学习。间接兴趣则是教育者可以利用的一种兴趣,因为间接兴趣是学生对于学习内容所涉及的其他方面的兴趣,教育者可以通过引导学生对于学习内容所涉及的其他方面产生兴趣,从而激发对学习内容的兴趣。从市场角度来看,直接兴趣和间接兴趣都是商家需要考虑的因素。直接兴趣是指消费者对于某个产品本身的兴趣,这种兴趣通常是由于消费者对产品的特点、性质、功能等方面的认知而产生。间接兴趣则是指消费者对于某个产品所涉及的其他方面的兴趣,这种兴趣通常是由于消费者对产品所涉及的其他方面感兴趣而产生。因此,商家可以通过引导消费者对于产品所涉及的其他方面产生兴趣,从而提高产品销售量。

三、体育运动兴趣的形成阶段

体育运动兴趣在个体间表现出差异性,在个体内表现出层次性,即"有趣—乐趣—志趣",这也是体育运动兴趣产生和发展的三个阶段。第一阶段,"有趣"阶段。对体育运动感到有趣是体育运动兴趣形成的第一个阶段,也是体育运动兴趣发展的低级阶段,往往短暂易逝,非常不稳定。处于这一阶段的兴趣常常与某种新奇感相联系,随着新奇感消失,兴趣也会自然地逝去。此外,生动的语言、有趣的形式甚至某种意外变化,都可能会使学习者产生短暂兴趣。第二阶段,"乐趣"阶段。乐趣是兴趣过程的第二个阶段,是在有趣定向发展的基础上形成,是兴趣发展的中级阶段。在这一阶段中,学习者的兴趣逐渐变得专一、深入。比如,喜爱足球的中小学生,很可能因为整天迷恋足球,而对其他活动不感兴趣。第三阶段,"志趣"阶段。志趣是兴趣发展过程的第三个阶段,当乐趣同学习者的人生态度、社会责任感、理想、奋斗目标结合起来时,乐趣即变成了志趣。志趣具有社会性、自觉性和方向性,是取得成就的根本动力和获得成功的重要保证。

体育运动兴趣主要指在上述的第二阶段和第三阶段,人们力求认识或爱好某种体育运动,并与一定的情感体验相互联系的倾向。学生在低年龄阶段对户外活动具有广泛兴趣,随着年龄增长,在各种因素的共同作用下,这种广泛的活动兴趣会慢慢趋向于一个中心兴趣。这个过程通常发生在初中阶段及前后的五年时间。在这个阶段,学生会循着"普遍的活动兴趣—广泛的体育兴趣—特定的体育兴趣"的规律,逐渐形成把兴趣集中在某一项或少数几项体育运动方面,而对其他体育运动的兴趣则相应下降。此外,学生对体育运动兴趣的下降或对体育运动的疏离,也通常发生在这个阶段。

四、体育运动兴趣的影响因素

体育运动兴趣的影响因素很多,初步总结为体育意识因素、体育价值观因素、身体健康因素、体育情感因素、体育环境因素和体育教师因素等六个方面。

(一)体育意识因素

体育意识是指人们在自觉认识体育意义与作用的基础上,在参与体育活动过程中所产生的心理活动。体育意识起源于人们对体育态度的初级认识过程,形成于在实践中对体育本质和内在规律的高级认识过程,并随着体育知识丰富不断促进体育意识的深化发展和自我完善。体育意识在体育参与中具有重要作用,是自发参与运动的动力源泉,对体育行为有着巨大的能动作用和反作用。在日常体育参与和课堂教学中,缺乏良好的体育意识就会造成学生参与体育的积极性降低,对体育运动产生片面甚至错误认识,引发恶性循环使学生对体育运动产生排斥和抵触情绪。如果学生拥有正确的体育意识,认识到参与运动能够带来强健的体魄、内心的满足、压力的释放,这样就能实现从被动参与到主动投入,让学生更加积极地锻炼身体、培养兴趣。因此,体育意识是影响学生体育兴趣最直接、最重要的因素,认识水平直接影响体育兴趣的提高程度。

(二)体育价值观因素

价值观是反映人的价值态度和价值意向,尤其表现在对人的自身价值及如何实现自身价值的看法,直接影响个体对各种事物和行为的判断,让个体发现事物对自己的意义,确定奋斗目标,并朝着自己认为有价值的方向或目标前进。体育价值观是人们以自身需要为尺度,评价体育社会现象存在和发展的

根本观念。由于学生体育价值观念的形成受个人、社会、家庭和学校等多方面因素影响,导致部分学生对于体育认识不足,体育意识与价值观淡薄,自觉参与运动的积极性不高,甚至少数学生从不主动参与体育运动。青少年正处于价值观形成阶段,是否拥有健康稳定的体育价值观,直接影响着健康成长和良好的个性形成。只有认识到体育的价值,才有可能主动地选择体育、利用体育,发挥体育功能以满足自身健康成长的需要。因此,能否正确认识和理解体育的价值,直接关系到学生体育兴趣意识的形成和发展,影响体育锻炼的动机和行为。

(三)身体健康因素

根据世界卫生组织的解释:健康不仅仅是没有疾病和虚弱的状态,健康乃是一种在身体上、精神上和社会上的完好状态。随着物质文化生活水平不断提高,人们比以往任何时候都更加关注健康状况和生活质量。通过体育锻炼,可以使身心健康得到改变,激发对体育活动的兴趣,并且产生良性循环。很多希望提高健康水平的学生,都力图通过参与体育运动改变自身状况。但是,全国学生体质调查情况表明,部分地区学生的体质状况有下滑趋势,形势不容乐观。很多学生的体育与健康意识淡薄,体质下降,心理疾病及心理障碍发生率增高,对于个人健康问题依然没有清晰的认识。部分学生虽然对体育运动和健康的关系有一定了解,知道参与体育锻炼可以增进身心健康,但是,对参加体育锻炼促进健康的渴望程度不高,运动变得可有可无。面对这种情况,作为学校体育工作的实施者,在日常体育教学中需要增加体育运动与健康关系的知识传授,培养学生参与体育运动的兴趣,提高学生体质健康水平,使学生从被动接受逐步过渡到主动追求的良好状态。

(四)体育情感因素

情感体验可以概括为个体对外界某种事物引起特定情感的主观感受,也是认知活动的动力源泉。情感体验是动力系统的一种,对促进个体从事活动产生直接影响。情感体验可分为积极的情感体验和消极的情感体验。学生的体育情感体验主要来自体育教学,这对提高学生体育兴趣、积极参与体育运动具有积极作用。在体育教学和课外活动中,动作技能水平对于增强学生的体育学习和体育锻炼兴趣具有重要影响。学生通过感知、体验后大体掌握体育运动技术,反复练习后再对自身不良技术动作进行改进和提高,最后巩固并运用所学技术达到运用自如的效果。只有学生充分掌握了运动技术、形成运动技能后,才会对体育运动产生浓厚兴趣。在课堂教学中,学生通过参与活动体验、感受运动带来的快乐,不断唤醒心理和生理能量,激发积极参加体育运动的原动力。在体育教学过程中需要有目的地培养学生的体育运动兴趣,建立良好的主观体验,并采用稳定的教学程序,使学生在学习过程中形成良好的情绪体验,激发良好的情感效应。

(五)体育环境因素

体育设施是指为开展各类体育活动、满足社会对体育运动需要而建设或建立起来的设备和场所的总称。学校体育设施资源是衡量一个国家、地区、单位体育运动发展状况的标志,不仅是进行体育锻炼和培养体育人才的基本条件,也是活跃人民文化生活、建设社会主义精神文明的基本保证。场地器材的充分合理供给,可以有效提高学生参与体育运动的兴趣,也是加强素质教育、提高教学质量、增进学生健康的物质保证。体育场地器材的巧妙利用,可以将学生的爱好兴趣紧密地结合在一起;可以开发学生智力,激发体育运动热情。在课堂教学实施过程中,体育教师要充分利用场地和器材,增加活动练习难

度,让学生练习从不会到会、从不敢尝试到敢于尝试、从消极懈怠到积极参与,满足学生合理的体育活动需求,促进学生身心机能和谐发展。教育主管部门要加强学校体育工作落实,加大对学校和社会体育场地设施的投资与建设力度,改善场地、器材不足状况,调动教师教学设计的创造性,充分发挥场地、器材潜力,促进更多学生参与到体育运动中来。

(六)体育教师因素

体育教师是学校体育工作的实施者,对于学校体育发展、体育技能和知识传播、学生体育兴趣培养等方面具有重要作用。其中,体育教师的人格魅力和专业能力对学生体育兴趣产生较大影响。体育教师高尚的人格魅力本身,就是对学生积极参加体育运动的召唤。如果学生仅仅是为了通过体育考试而参与体育活动,学习动力来自个体外部,是一种"外部学习";如果学生对体育教师人格魅力的崇敬转化为一种内驱激情,将外在对体育运动热爱与心灵渴求合二为一时,就是一种"内部学习"。后者将不会使学生因为环境的改变和压力的增大,放弃对体育活动自觉理性的追求。另外,在体育课堂教学长时间、单调的刺激下容易产生疲劳,枯燥的练习容易使学生感到厌倦和乏味,因此,教学内容的选取、教法手段的更新,将有助于提高学生体育运动兴趣。作为体育教师,具有高尚的思想品德,准确、有趣、鼓励性的语言,对学生真正地关心爱护,不断加强自身学习,提高思想素质、科学文化素质以及专业技术水平,才能成为一名真正合格的体育教育工作者。

第三节　体育运动归因

　　归因现象在社会生活中普遍存在,对于行为结果解释价值得到了心理和运动等众多领域学者的广泛关注。近年来,归因在体育运动领域的研究日益增多,归因理论对体育运动中人的心理过程和行为结果的解释越来越得到认同。通过合理的归因训练,个体在了解自身归因方式的同时,掌握合理的归因模式,科学分析竞赛结果,从而形成积极的情感和期望,为今后参赛训练和在比赛中取得良好成绩打下坚实基础。

一、归因及其理论

　　分析、判断、推论某一行为结果的原因的过程叫作归因,也就是人们对他人或自己行为原因的推论过程,用以提高对未来事件的预测和控制能力。归因是在日常生活中普遍存在的心理现象,人们常常会下意识地对某一事件进行归因。具体地说,归因就是人们在对事物的探索过程中总结事物存在的规律,以期对未知事件进行预测,对未知领域进行探索。在日常生活中,人们总是不自觉地对自己或他人的行为、对发生在周边的各种事件寻找原因并加以解释。进行归因活动研究,目的是从已经发生的事件中总结、汲取经验教训,从而更好地指导未来行为。归因理论就是有关人们如何对自己或他人行为结果进行解释或推断,以及这种解释或推论又是如何影响自己和他人行为的理论。归因理论主要回答两个方面的问题,一方面回答称为"归因认知过程论",另一方面回答称为"归因效果论"。

(一)海德的朴素归因理论

海德的朴素归因理论由海德在《人际关系心理》著作中提出来。海德指出人的行为的原因可分为内部原因和外部原因。内部原因是指存在于行为者本身的因素,比如需要、情绪、兴趣、态度、信念和努力程度等;外部原因是指行为者周围环境中的因素,比如他人的期望、奖励、惩罚、指示、命令、天气好坏、工作难易程度等。海德认为人们归因时,通常使用不变性原则,就是寻找某一特定结果与特定原因间的不变联系。特定原因在许多条件下总是与某种结果相联,如果特定原因不存在,相应的结果也不出现。这就可把特定结果归结于那个特定原因。不变性原则的思想方法是科学的,用这种方法可找到某种行为或其结果的关键原因。海德的归因理论是关于人的某种行为与其动机、目的和价值取向等属性之间逻辑结合的理论。

(二)凯利的三维归因理论

三维归因理论由美国社会心理学家凯利在《社会心理学的归因理论》著作中提出。凯利认为,对他人行为的归因一般要经历 3 个阶段,首先是观察行为,其次是判断原因,最后是排除偶然因素和迫于环境的因素。一般人们在归因时要沿着 3 个方面的线索进行思考,然后把原因归结于刺激物、行为者或环境。他由此提出了 3 条线索:一致性、区别性和一贯性。其中,区别性指个人对同一情境中的其他对象是否以同样的方式做出反应,如果对其他的对象也做出同样的反应,那么就是区别性低,否则就是区别性高。一贯性指行为者在其他的时间和其他情境下是否也发生这种行为,即该行为是一贯的还是偶然的。一致性指个人的行为是否在同一情境下与他人的行为一致。

(三)琼斯和戴维斯的对应推论

琼斯和戴维斯提出的对应推论理论也适用于对他人行为的归因,该理论试图解释在什么条件下人可以把事件归因于他人的内在特质,即人格、态度和心情等。琼斯等认为,一个人的行为不一定与他的人格、态度等内在品质相对应。以下两种情况下可以认为一个人的行为与其内在的人格、态度等品质相对应:一是行为的非期望性与非顺从性,即做了与社会期望不符的事;二是行为的自由选择性,如果一个人是自由选择的,而不是在外界强大的压力之下做出的行为,人们也会认为他的行为代表了他的内心。

二、归因对情绪的影响

韦纳采用虚拟和真实的学业情境进行研究,区别于依赖结果的情绪和依赖归因的情绪,依赖结果的情绪与结果本身相联系,这种情绪属于对结果的自然反映,比如,胜利后的愉快感和自豪感;依赖归因的情绪则与认识到的结果起因或理由相联系。研究表明,不同的归因维度以不同的方式与情绪相关,自尊情绪与归因维度中内外源维度的内部归因相关,期望有关的情绪与归因的稳定性维度相关;交往情绪与归因的控制性维度相关。由此可见,归因的内外源维度、稳定性维度和控制性维度对个体的情绪反应有不同影响。

(一)内外源维度对情绪的影响

个体将成功或失败归因于外部环境还是内部因素,受人格特征影响。把成功归于自己努力,失败归于自己努力不够,属于内控型;把成功归于运气或他人帮助,把失败归于外界条件,属于外控型。在体育运动情境中,内控型的个体倾向于将成功或失败归因于自己的能力或努力,外控型的个体倾向于将

成功或失败归因于个人运气不好或裁判员不公平等外部因素。个体对成败结果的不同归因,直接影响其后的情绪和情感反应。通常将成败结果归因于内部原因比归因于外部原因更容易引起强烈的情感体验。

韦纳和麦考利都明确指出,成功或失败引起情绪反应的类型与原因的部位有关。当把成功归于内部原因时,会产生自豪、自信和满意情感;当把成功归于外部原因时,会产生内疚、羞耻甚至沮丧情感。相反,当把失败归于外部原因时,会产生愤怒和惊诧。无论是归于内部原因还是外部原因,对成功的情绪反应都是积极热情的,对失败的情绪反应都是消极低落的。韦纳和拉塞尔等人指出,通过观察到的情绪反应,可以推测出个体把成功或失败归于什么原因。因此,有计划地进行归因训练,转化归因部位,将失败归因为运气不佳或场地不适等外部因素,有利于维护运动员的自尊心,不致产生消极的情绪体验,但归因训练时应实事求是地转化归因部位。

(二)稳定性维度对情绪的影响

有些情绪,包括乐观、悲观、绝望、担心、惧怕等,是由个体对未来行为结果的预期派生出来。当个体将成功归因于能力或努力等稳定性因素时,就会预期在这类活动中还会成功,导致对未来充满希望,产生乐观积极的情绪体验;而当个体将成功归因于运气或机遇等不稳定性因素时,对随后的类似活动能否成功就不敢肯定,产生担心或忧虑等情绪。在失败的情境下,如果个体将失败归因于个人能力等稳定因素,那么对未来类似活动的成功期望就会较低,引起消极的情绪反应;如果将失败归因于努力不够、运气不佳等不稳定因素时,个体对未来的期望不会过低,有助于保持乐观情绪。

个体把成功归因于稳定因素还是不稳定因素,主要与个体对成绩的期望有关。个体常把符合自己期望的结果归因于稳定因素;把不符合自己期望的结果归因于不稳定因素,无论结果是成功还是失败都是如此。弗雷茨和韦纳

的研究支持了这种假设。基于个体对成绩所做的归因,可以预测下一次成绩的期望。如果个体把失败归因于缺乏能力,则说明他认为下次还会产生同样的结果。所以,把失败归因于不稳定因素将非常有效,意味着通过努力可以变失败为成功。杜凯、罗伯特和瑞安的研究都支持了这一结论。

研究表明,当个体把成功归因于不稳定因素时,表明对再次获取成功抱有期望;当个体把失败归因于不稳定因素时,表明认为下次还会失败。所以,引导运动员对成功或失败做出适当的归因十分重要。鼓励成功者把成功归因于稳定的内部因素,有利于提高自我效能感和自信心;鼓励失败者把失败归因于不稳定的内部因素,让他们认识到失败不可避免,将有助于个体对行为活动的结果承担责任。

(三)控制性维度对情绪的影响

麦考利等研究发现,胜败的情感与控制性维度联系紧密。个体在运动中获得成功时,如果归因于控制性因素,就能够从结果引起的一些积极正面的情绪体验中获得更多自豪感。如果归因于不可控制性因素,则较少产生自豪感体验。在体育运动情境中,个体如果认为失败是由本来可以控制的原因所造成,就会产生强烈的惋惜、后悔等情绪。如果归因于自我无法控制的原因,就会很少产生这种悔恨的情绪体验。福赛斯和麦克米伦的研究指出,控制性维度能够更好地解释情绪唤起。对此,一个可能的解释是体育运动情境由于蕴含激烈的人际竞争并需要较大的自我投入,所以控制性维度对情绪的预测作用表现得更为突出。研究表明,通过归因训练可以改变控制性归因维度的指向,能够相应地转变情绪体验。

三、有效的归因训练方法

运用科学有效的心理归因训练方法,常常能起到事半功倍的效果。

(一)强化矫正法

强化矫正法基于塞里格曼有关习得性无助研究,运用学习和强化原理,在归因训练时,对于个体做出的积极归因及时给予强化,促进个体形成积极的归因风格。每当运动员做出积极的归因时,立即给予鼓励或奖赏,并对那些很少做出这类归因的运动员给予暗示和引导。强化矫正归因训练简便易行,关键是掌握和灵活运用适当的诱导和奖励方法,特别适宜于运动员。通过积极的归因训练,让运动员充分发现自己和他人的优势,挖掘自己的潜能。归因训练要重视运动员积极的情感体验,在改变归因方式的过程中,注意情绪的自然转变,避免强加生硬的积极情感。

(二)替代强化法

替代强化也能起到较好的作用,替代强化是班杜拉社会学习理论中的一个概念,是指一种榜样替代的强化。一般说来,运动员如果看到他人积极的归因方式,进而获得成功的行为,就会增强产生同样的归因倾向;如果看到消极的归因行为,进而引起受到惩罚的行为,就会削弱或抑制发生这种行为倾向。对榜样行为的强化,通过运动员的观察和体验,转化为自身的动机作用。树立给运动员的榜样与受训运动员尽可能相似,创设让运动员重复类似行为的环境和时机,这样能够使观察学习的效果更好地迁移到日常行为中去。

(三)团体发展法

小组成员在一起讨论和分析行为的原因,并由一名心理学家或受过一定训练的教练,对个人及整个小组的归因情况做出比较全面的分析,引导运动员做出正确归因。通常做法是将运动员分成若干小组讨论如下问题:自信心与成功的关系?能力、努力与成功的关系?影响比赛成败的主要因素有哪些?

教练员分散到各组中进行指导,对正确的结果及时强化、鼓励,对错误的结果加以纠正。还辅助以让运动员学习成功与失败的案例,引导运动员讨论案例中人物成功与失败的原因,并联系自己平时的训练和比赛加以阐述。实践表明,较为有效的途径是让教练员掌握归因训练的知识和技能,并将归因训练融入训练和比赛工作中去。

(四)情感移入法

情感移入也称共同感受,指群体成员对事物产生共同的体验和认知。发生情感移入是由于成员之间有着共同的需要和目标,因而能感受到他人的情景,从而产生共同感受和认知同化现象。情感移入通常包括两个维度:一是认知维度,情感移入被看作对他人情感、思维、意向及自我评价的觉知;二是情感维度,情感移入被视为一种共鸣情感反应。实际上情感移入的两个维度相互作用,共鸣反应的能力通常依赖于对他人情感进行认知推断的可能程度,另一方面,被唤起的共鸣情感为理解他人提供了内部线索。表面上看,形成消极心理归因倾向的运动员常常回避成就任务,甚至不愿接触成绩优秀的运动员。其实他们的内心深处极其矛盾,想取得成功,渴望帮助,但又担心失败带来的烦恼、焦虑和被轻视。因此,教练员对于这类运动员应从情感入手,真诚地对待他们,忘却他们的过去,引导他们放下紧张不安的心理。同时,教练要关注其闪光点,及时给予点拨,引导他们逐步尝试和积极参与,进而消除消极的心理归因倾向。

四、体育运动归因训练策略

近些年来,尽管体育运动领域归因研究不断深化,取得了较大进展。但由于已有研究结果之间存在较大的不一致性,迄今为止仍很难说有真正意义上

的运动归因训练策略,这使体育运动领域的归因训练遇到不少困难。为了使归因训练在体育运动领域得到卓有成效的开展,充分发挥归因训练的积极效应,必须充分利用好以下策略。

(一)明确归因训练目标

归因作为一种原因推理,找出来的原因可能与事实相符,是合理正确的归因;也可能与事实不符,是歪曲错误的归因,但不论是正确归因还是错误归因,都将对运动员的情感、信心、训练行为以及场上表现产生重要影响。自信心发展对运动员至关重要,教练员应想方设法让运动员以充满希望的心态参加训练和比赛。已有的归因训练表明,有计划的归因训练能够改变运动员认识成绩的方式,对运动员失利后的心理调整,以及更好地完成训练任务都具有显著的促进作用。

在体育运动领域,运动员心理技能训练越来越受到重视,教练员有责任通过归因训练提高和发展运动员的心理技能。但是,由于运动员个性特点不同、技术水平不同、所处的社会文化环境不同,同样的归因训练对不同的运动员可能会产生不同的效果。也就是说,归因训练的效应十分复杂,既可能带来积极影响,也可能带来负面效应。例如,将成功归因于内在、稳定的因素,一般被认为是功能良好的归因策略,但对有些运动员来说,也可能带来努力减少和过度自信问题;自我保护或自我促进的归因策略,一般被认为是利己主义、不合逻辑的归因策略,因为具有脱离现实危险的作用,从提高自我效能和自信心角度来看,对某些运动员又可能很有帮助。再如,失败后的努力归因,可能激励运动员付出更大努力,同时避免自信心丧失,但如果运动员通过努力却不能改变现状,将会带来运动自信心下降等一系列消极后果。

正是由于归因训练的实际效果存在很大的不确定性,并不存在对所有运动员都普遍适用的理想归因模式,因而进行具体的归因训练时,必须明确所要

达到的目标,进而在目标的指导下,针对不同运动员的不同特点和实际情况分别进行不同形式训练。归因训练的目的并不在于掌握某种普适性的理想归因模式,而是要让运动员通过训练学会对具体行为做出积极解释的能力,不断提高自信心和期望值,以一种积极乐观的心态投入训练和比赛中。提高运动员的信心和期望,并形成对自己负责的态度,应作为归因训练的出发点和目标追求。

(二)克服归因错误和偏差

运动员在对自己和他人的成败进行归因时,经常受到各种主客观因素的影响而发生错误和偏差。运动员在公正问题上也会受到赛场风气、个人性格和自身条件等外部因素影响,产生归因的错误和偏差。

(1)克服基本的归因错误。运动员在对他人的行为进行归因时,要综合内部因素和外部因素,避免片面归因。行动者与观察者往往在归因过程中强调的内部因素和外部因素不同,行动者往往不能清楚地观察到自己的行动,观察者往往能清晰地观察到知觉背景,所谓"当局者迷,旁观者清"。运动员在对自己的成功进行归因时,不能片面地归因为内部因素,要结合外部因素全面分析,这样才能从中发现优点和不足,从外部因素中分析自身不足,为下一个目标的努力奋斗提供帮助。在对他人的成功进行归因时,要肯定他人的成功是个人努力的结果。因此,运动员在对自己和他人的成败进行归因时,要综合内部因素和外部因素进行全面分析,肯定他人成绩,用公正的心态评判自己和他人,避免基本的归因错误。

(2)克服自身立场的归因偏差。如果把社会和赛场比作数学概念中的坐标轴,那么每个人都有唯一的点和其对应,都有属于自己的那片空间和区域,神圣不可侵犯。在遇到问题时,每个人也都会从自己的狭隘立场出发。因此,进行归因时,就会形成只注重自己的立场,对他人的成败进行片面归因,产生

归因偏差。运动员看待和处理赛场内的竞争关系时,难免会站在自身立场和利益的角度,对他人的成败进行归因,这样往往会导致不公正心理产生,这就是自身立场产生的归因偏差。因此,要引导运动员站在更高的角度,站在公平公正的立场上,从更广大的利益角度进行归因,避免不公正心理出现。

(三)培养形成合理归因能力

运动员若将自身的成败归因为内在可控的因素,就会积极进取、寻求新发展;若将自身的成败归因为外在不可控的因素,就会失去信心,很难取得进步。因此,能够合理归因非常重要。

(1)多做努力归因。积极的归因能够促使运动员产生强大而持久的动力。努力能够为运动员带来更多的成就和动机。因此,运动员可以为自己设定一个目标,这个目标不能太难也不能太容易,需要具有适中的挑战性。并且这个目标必须通过自己的努力才能达到,能够让自身体验到努力带来的喜悦、成功与踏实感;以及不努力带来的无所事事、空虚和无聊的感觉,从而为自身带来更大成功。

(2)进行全面归因。努力是归因中最好也是最常用的方式,但不是所有的成败都能够进行努力归因。因为凡事都要结合自身的实际情况,归因方式才会更加全面,归因结果才会更有指导意义。除此之外,归因不仅仅是单项的,在现实世界中,每件事情的成因往往都有好几个因素,运动员控制不了因素的复杂性。因此,面对归因,运动员也应多方考虑,注重归因的多样性与复杂性。

(3)养成归因习惯。合理归因可以帮助运动员获得更多成功,也可以帮助运动员在生活中的心情更加愉悦。积极稳定的归因习惯可以使运动员更清晰地认识自己,找到自己前进的方向。常做归因分析,可以使运动员在遇到挫折时减少对自身的自暴自弃,重新调整心态,追寻新的成功。因此,养成合理的归因习惯,有助于运动员形成积极心理,获得更愉快的人生。

(四)发展运动员的认知技能

认知技能指借助于内部言语在头脑中进行的动作方式或智力活动方式，以抽象思维因素为主要成分，有时也叫思维技能。在认识特定事物、解决具体问题时，感知、记忆、想象和思维等心理活动，按照一定的、合理的、完善的方式自动地进行，这就是认知技能。这里所说的认知技能，是指运动员在完成训练任务时，运用已有知识和技能的能力，即应用认知策略的能力。

在运动实践中可以发现，有些运动员常常失败并不是因为能力不够，而是由于运用了不恰当的认知策略，虽然付出了很大努力，但却没有取得明显进步，这时就需要加强认知技能训练，掌握正确的训练方法和训练策略，同时让运动员认识到，成功并不只是努力或能力本身所决定，在很大程度上是运用合适的方法和策略的结果。

归因的关键因素是认知，归因对人的情感、动机、信心及行为等的影响，建立在对成败原因认知的基础之上。因而，在运动训练过程中，通过启发诱导方式，鼓励运动员灵活运用各种方法和策略，并提高运用策略的意识，进而发展认知技能，对帮助运动员形成正确积极的成败归因具有重要意义。事实上，归因训练也能够改变运动员认知，发展认知技能水平，从而使得方法和策略的应用成为运动员在运动训练过程中更内在化的动机因素，促进训练成绩提高。

参考文献

[1]陈享明.身心潜能理论与激发训练创新研究[M].长春:吉林大学出版社,2020.

[2]季浏,殷恒婵,颜军.体育心理学[M].北京:高等教育出版社,2019.

[3]李欣,邱芬,吴敏,等.体育心理学[M].重庆:重庆大学出版社,2018.

[4]毛振明.体育教学论[M].北京:高等教育出版社,2005.

[5]邵伟德.体育教育心理学[M].北京:北京体育大学出版社,2004.

[6]松田岩男.体育心理学参考教材[M].北京:人民体育出版社,1985.

[7]孙楠楠.运动员心理训练机制与调控研究[M].长春:吉林大学出版社,2021.

[8]谭黔.体育教育心理研究[M].北京:北京师范大学出版社,2011.

[9]佟立纯,李四化.体育心理实验与测量指导手册[M].北京:北京体育大学出版社,2007.

[10]王新胜,顾玉飞.竞技心理训练与调控[M].北京:北京体育大学出版社,2002.

[11]杨华东,张莉斌,章崇会,等.体育心理学[M].北京:北京师范大学出版社,2012.

[12]杨颖.体育运动与心理健康[M].沈阳:辽海出版社,2019.

[13]张力为,毛志雄,王进.运动与锻炼心理学研究手册[M].上海:华东

师范大学出版社,2020.

[14]张力为,毛志雄.体育科学常用心理量表评定手册[M].北京:北京体育大学出版社,2004.

[15]赵新世.运动员心理调控与训练方案设计研究[M].北京:中国水利水电出版社,2019.

[16]艾兴.建构主义课程研究[D].重庆:西南大学,2007.

[17]陈双凤.基于认知心理学的高中生物学实验教学设计与实施[D].湘潭:湖南科技大学,2021.

[18]程建辉.基于生物反馈的放松技能训练仪的研制[D].保定:河北大学,2005.

[19]杜杰.基于目标设置理论的QT公司绩效管理有效性研究[D].成都:电子科技大学,2012.

[20]郭建晓.基于认知心理学的公交车驾驶室人机交互界面设计研究[D].济南:山东大学,2020.

[21]刘洁.人本主义心理学对我国研究生思想政治教育的启示[D].成都:西南石油大学,2012.

[22]刘丽.呼吸放松训练对负性思维的作用[D].苏州:苏州大学,2018.

[23]刘嫣.心理放松训练对大学生篮球运动员心率及心境状态影响的实验研究[D].石家庄:河北师范大学,2018.

[24]刘妍.人本主义心理学视角下的酒店员工培训研究[D].大连:辽宁师范大学,2015.

[25]马丽.心理训练在中学生体育考试中的应用研究[D].大连:辽宁师范大学,2011.

[26]潘莉.渐进性放松训练对异位妊娠保守治疗患者状态焦虑的影响[D].长沙:中南大学,2012.

[27]汤桂琴.目标设置训练对高中生自我调节学习能力的促进[D].长春:东北师范大学,2018.

[28]王磊.表象训练在10-14岁学生自由泳教学中的应用研究[D].哈尔滨:哈尔滨师范大学,2020.

[29]吴晶.心理学视域下的行动问题研究[D].西安:陕西师范大学,2014.

[30]杨超.基于建构主义理论的对外汉语成语教学研究[D].乌鲁木齐:新疆大学,2020.

[31]于洋.心理学理论的发展与外语教学法流派的形成[D].长春:东北师范大学,2006.

[32]张倩.渐进放松训练法对游泳初学者克服惧水心理的实验研究[D].重庆:西南大学,2021.

[33]赵春蓉.基于认知心理学的船舶进水探测系统的界面设计[D].哈尔滨:哈尔滨工程大学,2020.

[34]周胜浩.基于行为主义理论的课程思政强化策略与路径研究[D].桂林:广西师范大学,2023.

[35]程修明.体育心理学在高校体育教学中的应用研究[J].江苏建筑职业技术学院学报,2023,23(1):61-64.

[36]黄静.人本主义心理学的人格观及教育观[J].安徽文学(下半月),2018,13(7):149-150.

[37]黄英杰,王冬.幼儿运动兴趣:内涵、价值意蕴及实践路径[J].教育与教学研究,2022,36(8):1-12.

[38]姜玉玲.运动员归因训练的技能实施[J].山东体育学院学报,2006,22(5):62-64.

[39]金成,程建辉.人体放松技能训练系统的设计与自控能力的培养[J].

保定学院学报,2008,22(2):55-57.

[40]景元美.体育教学中培养正确运动归因方法的研究[J].搏击(体育论坛),2013,5(11):64-66.

[41]李康,周少林,马国才.大学生运动动机对其锻炼行为的影响:实施意向与自我认同感的链式中介效应[J].湖北体育科技,2023,42(3):193-198.

[42]李强.试论体育行为的心理学基础[J].太原城市职业技术学院学报,2011,13(4):121-122.

[43]李玉伟.提升射击运动员比赛心理调控能力的研究[J].当代体育科技,2018,8(16):181-182.

[44]连三彬.足球专项力量训练目标的设置及措施[J].佳木斯职业学院学报,2020,36(12):193-195.

[45]林岭,王华叶.论如何提高表象训练效果[J].安徽体育科技,2006,27(4):16-18.

[46]刘乐安.浅谈运动训练中的心理训练[J].文体用品与科技,2020,41(15):56-57.

[47]刘琴,陈丽霞.大学生足球运动归因的性别差异研究:以四川师范大学体育学院为例[J].安徽体育科技,2019,40(3):80-83.

[48]刘逸峰.浅析行为主义心理学的基本原理以及对临床心理学的影响[J].华夏医学,2013,26(5):988-991.

[49]刘勇.刍议归因训练在竞技运动领域的运用[J].体育世界(学术版),2010,39(7):56-57.

[50]刘月,韩波,阿英嘎.基于自我决定理论的运动员心理疲劳预测模型构建[J].天津体育学院学报,2023,38(1):112-118.

[51]路毅,邓文冲.不同运动方式对大脑结构及认知功能的调节作用及差异[J].中国组织工程研究,2021,25(20):3252-3258.

[52]罗丙佳.浅谈人本主义心理学在心理咨询中的应用策略[J].心理月刊,2021,16(12):195-196.

[53]苗志刚.浅谈体育教学与目标设置训练[J].赤峰学院学报(自然科学版),2008,5(2):52-53.

[54]钱利.从人本主义心理学教育观角度浅析高校法学模拟实习:以西华师范大学为例[J].法制博览,2015,31(4):298,283.

[55]秦彧.从继承到超越:积极心理治疗与人本主义心理治疗的比较[J].商丘师范学院学报,2012,28(1):115-119.

[56]赛庆彬,田中原,李彬.田径运动员目标设置训练应注意的问题[J].中国体育教练员,2000,8(3):30-31,48.

[57]邵红敏,徐改玲,王长虹,等.河南省某地区初中生情绪和行为相关障碍的诊断变化:1年随访[J].四川精神卫生,2020,33(3):272-276.

[58]沈玉洁.射击运动中的运动心理学因素影响研究[J].当代体育科技,2020,10(18):19,21.

[59]宋志成,田瀚,尹训强.体育心理学在体育教学中的应用研究[J].当代体育科技,2022,12(19):108-110,114.

[60]王海清,刘成林,刘剑.竞赛中运动员的心理障碍与调控[J].湖南城建高等专科学校学报,2002,11(1):78-80.

[61]王红时.论人本主义心理学方法论及其蕴涵[J].内蒙古农业大学学报(社会科学版),2007,9(6):30-32.

[62]王红晓.从认知的视角看行为主义心理学的发展[J].辽宁行政学院学报,2013,15(9):90-91.

[63]王品卿.建构主义理论视域下高校心理健康课程创新探析[J].齐齐哈尔大学学报(哲学社会科学版),2022(9):145-148.

[64]王琦,吴双.基于生理学效应与负荷量化视角的运动训练监控中训练

应激研究[J].当代体育科技,2022,12(23):19-24.

[65]韦晓娜,邱泽瀚.体育心理学在促进大学生体育核心素养中的作用和实施策略[J].韩山师范学院学报,2020,41(6):59-66.

[66]吴彩芳.近二十年国内体育教育心理学的研究现状与分析[J].浙江万里学院学报,2020,33(4):112-116.

[67]吴联伟.我国青少年举重运动员赛前心理障碍与调节[J].中国多媒体与网络教学学报(中旬刊),2018,17(8):55-57.

[68]吴伟.浅析学生体育兴趣的影响因素及培养[J].湖北体育科技,2015,34(12):1110-1112.

[69]肖韬,姚洁,任占兵.运动项目和习惯对大学生运动动机影响的交互效应[J].体育学刊,2022,29(5):115-123.

[70]徐锦鹏,宋湘勤,李敏.运动动机和基本心理需要对青少年运动热情的影响[J].心理月刊,2022,17(17):31-33,84.

[71]杨惠敏.认知心理学理论在高职英语教学中的应用[J].黑龙江教师发展学院学报,2022,41(9):72-74.

[72]杨帅飞.运动兴趣为导向的初中生篮球教学[J].体育科技文献通报,2021,29(2):103-104,115.

[73]叶秋霞,姚利娟.太极拳运动对人体呼吸系统和神经系统的良性调节[J].少林与太极(中州体育),2014,7(12):13-16.

[74]游茂林,汪俊杰.体育锻炼对心理健康的促进作用:评《锻炼心理学》[J].当代教育科学,2018,33(11):97.

[75]袁莉敏,孟瑶.人本主义心理治疗要素在辅导员对抑郁倾向大学生谈心谈话中的应用[J].教育教学论坛,2019,10(45):68-69.

[76]张慧籽,姜媛.不同情绪状态下运动员情绪调节策略与注意控制对注意偏向的影响[J].北京体育大学学报,2016,39(11):73-81.

［77］张瑞瑞.我国运动心理学研究的可视化分析［J］.体育科技文献通报，2022，30（6）：230－232，236.

［78］章志遐.浅谈射击运动员的情绪控制与心理训练方法［J］.文体用品与科技，2022，42（7）：81－83.

［79］赵祁伟，陆颖之，周成林.新兴技术融合发展下竞技运动心理学研究进展、实践与展望［J］.上海体育学院学报，2020，44（11）：18－27，54.

［80］周成林，于洁.运动员比赛心理压力表现特点与调控方法［J］.中国体育教练员，2008，16（4）：10－11.

［81］知乎.情绪调节的6种方法［EB/OL］.（2022－10－21）［2023－09－20］.https：//zhuanlan.zhihu.com/p/575730870.

［82］周君一，杨丹，陈素峰，等.竞技体育中的运动心理学分析［J］.心理月刊，2021，16（19）：228－230，151.

［83］第一心理.心理学：如何提高适应能力［EB/OL］.（2019－08－16）［2023－09－10］.https：//baijiahao.baidu.com/s？id=1641990507249190892&wfr=spider&for=pc.

［84］猫里奥心理学.把成功归因为能力、努力等内部因素可以使人感到自豪和满足［EB/OL］.（2022－09－16）［2023－09－16］.https：//baijiahao.baidu.com/s？id=1744092174517821524&wfr=spider&for=pc.

［85］齐大心理健康教育中心.合理归因益身心［EB/OL］.（2021－06－16）［2023－09－16］.https：//dxs.moe.gov.cn/zx/a/xl_xlyz_xlzs/210616/1699352.shtml.

［86］王岩峰.正确训练腹式呼吸方法［EB/OL］.（2023－09－15）［2023－09－15］.https：//m.baidu.com/bh/m/detail/ar_10149789612087127919.

［87］吴医生.生物反馈与放松疗法［EB/OL］.（2023－09－15）［2023－09－15］.https：//www.kkme.net/newsinfo-ukkK445TT.html.

［88］小希. 自我效能感理论［EB/OL］.（2023－05－13）［2023－09－12］. https：//www. 51cmm. com/wz/TQPVAar9. html.

［89］袁媛. 心理学知识点－意志品质［EB/OL］.（2022－01－169）［2023－09－10］. https：//www. offcn. com/jiaoshi/2022/0119/496351. html.

［90］岳春阳. 情绪的功能有哪五个［EB/OL］.（2020－06－05）［2023－09－17］. http：//m. ccutu. com/277755. html.